新装版

歎異抄講話 1

廣瀬　杲

法藏館

目次

序文　歎異の精神　1
第一条　願いと光　13
第二条　信心の内景　63
第三条　如来絶対信中の人　135
第四条　いのちのまこと　213

本書は平成六（一九九四）年刊行の『高倉会館法話集　歎異抄講話1』第一刷をオンデマンド
印刷で再刊したものである。

序文

歎異の精神

序

（本　文）

ひそかに愚案を回《めぐ》らして、ほぼ古今を勘うるに、先師の口伝の真信に異なることを歎き、後学相続の疑惑あることを思うに、幸いに有縁の知識によらずは、いかでか易行の一門に入ることを得んや。まったく自見の覚悟をもって、他力の宗旨を乱ることなかれ。よって、故親鸞聖人の御物語の趣、耳の底に留まるところ、いささかこれをしるす。ひとえに同心行者の不審を散ぜんがためなりと云々

（意　訳）

親鸞聖人のご在世の頃と、亡くなられた今日とを、愚かな私なりに思いくらべてみるのに、嘆かわしいことではあるが、師匠親鸞聖人が直接教えてくださった真実の信心が誤られており、このままでは、後に続いて念仏の道を伝えていこうと志す人びとのうえにも、疑いや惑いが生ずるのではなかろうか、と案じられてならない。もし、私たちが縁あってよき師に会うということがないならば、どうして、万人平等の救いの門に入ることができようか。だから必ず必ず身勝手な考えをもって、ひとえに他力によって生

きることを宗《むね》とする旨趣《いわれ》を混乱さすようなことをしてはならない。それゆえに私は、亡き親鸞聖人がお話しくださったみ教えで忘れようにも忘れることのできないお言葉を、わずかながら書き記すのである。これは、ただただ同じ志を抱く同朋たちが、不審に思っていることを晴らしたいと願う気持ちからのことである。

「総序」について

『歎異抄』の冒頭には、漢文体で書かれた文章が置かれています。『歎異抄』全文の中で、いわゆる蓮如書写本に見られる最末尾の承元法難に関する記録と、「愚禿親鸞」の名乗りについての説示の文、そして蓮如自身が記した一文を除けば、漢文体の文章はこの一文だけです。しかもこの一文は『歎異抄』全文の「序」として記されたものであることは明らかです。しかし「序」の文だけを漢文体で記した意図は分かりません。ただ第一条の「弥陀の誓願不思議にたすけられまいらせて」から、最後の「一室の行者のなかに、信心ことなることなからんために、なくなくふでをそめてこれをしるす。なづけて『歎異抄』というべし。外見あるべからず」と記す結語の文に至るまで、その全文に一貫している悲しく厳しい悲歎述懐の心情に心を寄せて、改めてこの一文を振り返ってみますと、私は、この一文に込めた編者の尋常一様でない決意のほどと、そのような決意をはっきりと表明せしめた現実状況のすさまじいまでの苛酷さとを思わしめられるのです。それは、編者自ら「なづけて『歎異抄』というべし」と、書名そのものを他のどのような書名をもってしても代替不可能であると限定する毅然とした態度の内実を一点の曖昧さも止めることなく公開している総括的緒言であり、まさしく総序と称すべき文章であり、ただ一つの責任を荷負した人が、その責任を果そうとする決意の表明と言うべきものでありましょう。漢文体でこの一文を書いた編者の、文字通り襟を正す姿を私はここに見る思いがするのです。

私は、あえて責任といいました。それは仏弟子であることにおける責任という意味です。そのことは、このわずか一万五千字ほどの一冊の書物を『歎異抄』と名づけて書き残すことによって、自らの生涯を閉じようとする親鸞の遺弟の責任的仏事と言うべきであろうと思います。すなわち真の仏弟子であること、言い換えれば、教言一つの下にその生涯を尽し切ろうとする人間が、自らを証する唯一の方途は歎異の心に正直に生きることであると言ってもよいのではないでしょうか。私は、この漢文体で記された総序の文全体を通して、そこに真の仏弟子の切々とした歎異の至情を窺い知ると同時に、その歎異の至情が、どれほど具体的現実に立脚した師教の確認と、その伝承への悲願とによって、語り掛けられることであるかを、一種の怖れをすら感じざるを得ないほどの思いで知らされるのです。それは真の仏弟子であることの責任的遺言であり、それ故に、いつの世、いつの時においても聞き取られなくてはならない遺教であると感じます。

ひそかに愚案を回らして

それでは、総序の本文のことばに即して二、三留意される点をお話ししてみたいと思います。

まず「ひそかに愚案を回《めぐ》らして、ほぼ古今を勘《かんが》うる」と書き出される一文の中に、「ひそかに愚案を回《めぐ》らして」までしても「勘うる」ことを放棄することのできない「古今」を唯一の課題として持ちつづけ、凝視しつづけなくてはおれない人、もしその「古今」という課題を放棄すれば、遺弟としての自己を自ら捨て去ることとなるということを自覚した人の姿をみる時、私は、「総序」の全体は冒頭のこの一句により、その質を明らかにし尽くされていると思うのです。

その「古今を勘うる」ということは「先師の口伝の真信に異なることを歎」くということです。歎異の内容はまさしくここに尽くされている。それは単に「先師の口伝」に「異なる」ことを口にすることに対する歎きに止まるものではないのでしょう。平易に言えば、亡き師のお言葉に相違した発言を歎いているのではないということです。宗教における伝承ということが、もしそうした性格に止まるものであるならば、それは人間における主体の自由を言葉の権威のもとに封殺するものでしかない。かといってただ信心の相が異なるということに対しての非難でもない。もし信心と呼ばれるものが人間の各別性を否定する作用をするならば、それは宗教という名の全体主義的統括であり、人間における主体性の収奪であると言わねばならないでしょう。実はこうした宗教という名のもとに惹起する偏向性を超え、信心と呼ばれているものの非真実性を告発的に悲歎していることが、「先師の口伝の真信に異なることを歎き」という押えの確かな言葉遣いのうえに明確に示されていると思うのです。

しかも、こうした信心の異なりへの悲歎は、単に個人的な慨嘆の心情の域に止まる質のものではなく、その悲歎の内面には、きわめて具体的な「後学相続の疑惑あること」が見据えられている点を見落してはならないだけではなく、「後学相続の疑惑あること」と送り仮名をつけていることは、「後学相続の疑惑あらんこと」への取り越し苦労的な憂慮ではなく、現実に起こっている「後学相続の疑惑」の事実を凝視することにより、「先師口伝の真信に異なる」ことによる必然性を、そこに見定めていることが窺われるのです。それ故、「後学相続の疑惑あること」は、決して偶然に起こったことではなく、起こるべくして起こる事実なのです。したがって「後学相続の疑惑あること」を必然する信心の異なりは、完全に払拭し切っておかなくてはならないという認識と決意とが窺い知られてくるのです。それは、先師親鸞の教言のもとに賜った信心のまことへの全き頷きがあればこそ、親鸞の教えを伝承していくであろう人びとの心に疑惑が起こることの必然性が透視できたのであると、私は考えます。こうした意味において、この最初の一段の文章の中に、「歎異」という真の仏弟子のみが荷負し得る責任的事柄が、まさに真実信心の行人を証する実践として生き生きと、しかも、刻り深く述べられていることを改めて思い知らされるのです。

『歎異抄』を書かしめた根拠

こうした一段の文を受けて、編者は「幸いに有縁の知識によらずは、いかでか易行の一門に入ることを得んや。まったく自見の覚悟をもって、他力の宗旨を乱ることなかれ」と具体的な教示をする。「有縁の知識」、それは、仏道を求め真実の救いを願う人にとり、身をもって導いてくださる師匠であり、そうした師に幸いにして遇い得るということがないならば、どうして他力易行の念仏の法門に領くことができようか、と言い切っておられるのです。「幸いに有縁の知識に依らずは、いかでか易行の一門に入ることを得んや」という語り掛けの中には、本願念仏の大道（絶対他力の仏道）に帰入する方途はないという道理が明らかに示されています。と同時に、そうした道理を堂々と示すことができるということは、まさしく幸いにして有縁の知識、すなわち、師親鸞に遇い念仏者となることのできた編者自身の謝念に裏付けられた信念があるということを窺うことができるでしょう。そして、その信念の眼が「後学相続の疑惑あること」を何の戸惑いもなく「まったく自見の覚悟をもって、他力の宗旨」を混惑さすこと以外のなにものでもない、と見究めているのです。

いかに美事な論証をするとしても、「有縁の知識によ」ることがないかぎりは、すべて「自見の覚悟」、すなわち、身勝手にして独断的な解釈でしかない。そして、そうした「自見の覚悟」が、いついかなる場合にも、絶対他力の教の根本義を惑乱さすものなのです。しかもこれは「有縁の知識」に「幸い」にして遇い得た念仏者しか見究めることのできない事実なのでしょう。その意味から私は、この「幸いに有縁の知識によらずは、いかでか易行の一門に入ることを得んや。そまったく自見の覚悟をもって、他力の宗旨を乱ることなかれ」という一言のうちに編者をして

『歎異抄』を書かしめた、最も生き生きとした根拠が示されていると実感するのです。

同心行者の不審を散ぜんがため

以上のような情理を尽くした確かめのもとに、「よって、故親鸞聖人の御物語の趣、耳の底に留まるところ、いささかこれをしるす。ひとえに同心行者の不審を散ぜんがためなりと云々」と記しています。ここには『歎異抄』起筆の所以が示されていることは明瞭でありますが、この一段の文章の中にも、悲喜相交わる心情が吐露されていることを思います。二、三の言葉遣いに注意をするとき、まずこの一段は先の文を「よって」と受けて「総序」を結ぶ文章であるかぎり、「故親鸞聖人の御物語の趣をいささかしるす。ひとえに同心行者の不審を散ぜんがためなり」と記しても、充分に起筆の趣旨は明らかでしょう。そして、その「故親鸞聖人御物語の趣云々」の文は、「述懐篇」の末尾に「古親鸞のおおせごとそうらいしおもむき、百分が一、かたはしばかりをも、おもいいでまいらせて、かきつけそうろうなり。かなしきかなや、さいわいに念仏しながら、直に報土にうまれずして、辺地にやどをとらんこと。一室の行者のなかに、信心ことなることなからんために、なくなくふでをそめてこれをしるす。なづけて歎異抄というべし。外見あるべからず」と記している文と符合していると思われるのです。したがって、事はただ一つであるに違いない。しかし編者は「耳の底に留まるところ、いささかこれをしるす」と述べています。

確かに「いささか」「しる」された「故親鸞聖人の御物語の趣」は「述懐篇」で「百分が一、かたはしばかりをも、おもいいでまいらせて、かきつけ」た「古親鸞のおおせごとそうらいしおもむき」に外ならないのでしょう。にもかかわらず私の心を強く打つのは「耳の底に留まるところ」という一句をもって確かめずにはおれなかった編者の心情です。事実としては「百分が一、かたはしばかりをも、おもいいでまいらせ」た「故親鸞聖人の御物語の趣」を「かきつけ」たに違いないでしょう。にもかかわらず編者はその事実そのものを自らに確かめているのです。思い出す先師のお言葉のおもむきを「百分が一、かたはしばかり」記したに過ぎないのですが、その先師の言葉が思い出されるということの内を問いつめていくとき、それは、編者自身の記憶している言葉ではなく、常に常に「耳の底に留ま」り続けていてくださる先師の教言であったという深い頷きが明らかに示されているのです。「耳の底に留まる」とは思い出としてある過去のことではなく、現在只今、編者自身の全存在を歎異し続けている先師の教言に外ならないのです。この一点が『歎異抄』を貫く最も大切な確認点でありましょう。もしそうでないとするならば、どれほど事柄が正確であるとしても、先師親鸞の口伝を教権として異端を改排しようとする改邪の書ではあっても、決して悲歎述懐の心情のもとに「なくなくふでをそめ」た書とはなり得ないのです。

そのように領解することが許されるならば、「故親鸞聖人の御物語の趣」は、「耳の底に留まる」教言として、編者その人を常に常に歎異し続けていてくださる先師親鸞の活語であると知るべきでしょう。そうであればこそ、「ひとえに同心行者の不審を散ぜんがため」に『歎異抄』の筆を「なくなく」執らずにはおれなかったのです。教言の下に歎異され続けられている身の自覚があればこそ、同朋の異端を見据えて、それを悲歎し教誡することができるのです。このことのもつ意味の深さと現実的厳しさとを思い知らされます。

そしてまた、このような歎異の精神がないならば、「同心の行者」、「一室の行者」と呼び掛けることのできる同朋の現実は、現実的にはどこにもないことになってしまうでしょう。ただあるとすれば、世俗的な人間関係の特殊な集合以上では決してないのではないでしょうか。

顧みて、この総序の中に帰依僧宝のいぶきを感ずる思いがします。それは、先師親鸞が生き切られた御同朋の世界への深々とした謝念と懺悔との交流の只中に身を置く、真の仏弟子の実像であると言いたいのです。

（一九九四年　書き下し）

第一条　願いと光

第一条

（本　文）

弥陀《みだ》の誓願《せいがん》不思議《ふしぎ》にたすけられまいらせて、往生をばとぐるなりと信じて念仏もうさんとおもいたつこころのおこるとき、すなわち摂取《せっしゅ》不捨《ふしゃ》の利益《りやく》にあずけしめたまうなり。

弥陀《みだ》の本願には老少善悪《ろうしょうぜんあく》のひとをえらばれず。ただ信心を要《よう》とすとしるべし。そのゆえは、罪悪深重《じんじゅう》煩悩《ぼんのう》熾盛《しじょう》の衆生《しゅじょう》

（意　訳）

いのちあるもののすべてを救おうと誓う阿弥陀の願いの、はからいを越えたはたらきによって、この生涯を尽し、真実《まこと》の世界に生まれるのであると信じて念仏申そうと思いたつこころのおこるとき、すでにそのとき、すべてのものを摂め取って捨てることのない光のなかを生きる身となるのです。

阿弥陀の本願には、老人と若者とのへだてもなく、善人と悪人との差別もありません。ただこの願いに目覚める心、すなわち、信心ひとつが肝要であると知るべきです。それというのも、

をたすけんがための願《がん》にてまします。

しかれば本願を信ぜんには、他《た》の善も要《よう》にあらず、念仏にまさるべき善なきゆえに。悪をもおそるべからず、弥陀《みだ》の本願をさまたぐるほどの悪なきがゆえにと云々

罪業、罪の身の深きに苦しみ、煩いと悩みとのはてなき人生を、生きていかなくてはならない人びとのための、悲願だからであります。

ですから、阿弥陀の本願を信ずる身には、他のどのような善も必要ではありません。念仏よりすぐれた善はないからです。また、悪を思いわずろうて恐れる必要もないのです。本願を妨げるほどの悪も、決してないからです、と聖人は教えてくださいました。

一

曾我先生の教え

今日は曾我量深先生がお亡くなりになられましてから百ヶ日のお逮夜に当ります。この会館でお話をさせていただきまして後、先生のお宅へお参りさせていただこうかな、と、こんな心積りをしながらよせていただきました。

曾我先生がお亡くなりになりましたのは六月二十日の十二時三十六分でございました。先生がお亡くなりになりまして、各地から、いろいろな弔電がよせられましたが、私もお通夜に二晩お参りさせていただいておりましたので、その中の何通かの弔電を拝見させていただきました。ところがその中に、九州の福岡県出身で、私にとりましてもかなり縁の深い友人でありますが、この友人から次のような弔電が参っておりました。

「教団の父を失い悲しみに耐えません」

という電文です。その弔電を読みながら、はっと気づかせてもらいました。曾我先生の訃報に接した時、心の中に大きな穴があいたような、私自身のこれからの生き方にずいぶん大変なことが起ったのだなあということばかりを思いつめておりました。ところが、そんな私の心の中に、友人の「教団の父を失った」という言葉が聞こえてきました時に、私という個人にとって父のような人を失ったという実感を感じておりましたが、そうではなくして教団の父を失ったのである。本当に悲しむべき事柄は、お前の父を失ったという感情もさることながら、教団の父を失ったのである。その悲しみを踏みしめながらどう生きて行くのか、その悲しみの心に鞭をあてて、これからどう生きていくのか。こういうことが、その電文によって改めて実感として感じられたことであります。確かに先生がお亡くなりになりまして、本当に教団の父を失ったという言葉こそ私達の深い実感ではないかということを思います。

今日は『歎異抄』第一条を心に念じながら「願いと光」という題でお話をしていきたいと思います。なぜ『歎異抄』の第一条をことあらためてお話したいかと申しますと、これも曾我先生のお教えを受けた最初の時の出来事がきっかけとなっているのであります。

実は私が大谷大学の専任の教員として教壇に立ちましたのが昭和三十五年でありました。その頃は大谷大学の教壇にはじめて立ちました時に受け持たされるのが、法然上人の『選択本願念仏集』（選択集）の講読ということになっていましたので、私もその例にもれず『選択集』の講読を受け持つことになりました。もう一つは演習ですから、テキストは自由に選べばいいのですが、それを『歎異抄』にすると私はきめたのです。その時の私の気持としましては『歎異抄』にはずいぶん長い間親しんでまいりましたし、学生さんにとりましても、一番親しみの深い聖典であろうという気安さがありまして『歎異抄』を読むことにいたしました。ところがはじめて教壇に立って学生さんと一緒に読んでいくことになると、やはりいつも親しんでいる『歎異抄』なのですが、いざということになると、どうしていいかわからなくて困ってしまいました。その時が個人で曾我先生にお目にかかり、個人でお話をうかがった最初でした。

曾我先生のお宅に御報告かたがた、どうしてやっていったらいいかを教えていただこうと思い、お邪魔したのであります。そういたしますと先生はどうぞ前へお座りくださいとおっしゃいます。こちらはなるべく横の方でこっそりとお話をうかがおうと思うのですが、どうぞ前へとおっしゃるので、しかたがなく前に座りました。曾我先生は大変な先生であると聞きおよびもしていますし、ずいぶん堅くなっていました。そうすると先生の方から、

「廣瀬さん、あなたは今度常勤の講師になって講義を持たれるそうですが、何をなさいますか」

ときりだされた。で先生に、

「『選択集』と『歎異抄』を学生さんと一緒に読むことにしております」とご返事をしますと、先生は『選択集』と『歎異抄』ですね」とつぶやかれて、しばらく下を向いておられました。私はこれはまずいことを申しあげたかなと思ったのですが、しばらくして先生は、

「結構ですね」とおっしゃってくださいましたので、ともかくほっとしたのですが、すぐその後

で、

「『選択本願念仏集』は親鸞聖人のお師匠さまが書かれた御書物ですね。『歎異抄』は親鸞聖人のお弟子さんが書かれた御書物ですね。あなたは親鸞聖人のお師匠さんとお弟子さんの書かれた御書物を学生さんと一緒にお読みになる、結構ですね」

といわれたのです。私は驚きましたねえ。

いうまでもなく真宗学という学問を勉強するということは、親鸞聖人の教えを明らかにしていきたいということであるわけです。これは基本的にそうであります。ところが私はたまたま縁あって、はじめて教壇に立った時に、『選択集』と『歎異抄』とを選びました。そのことが先生によって確かめられたわけです。親鸞の教えを学んでいく人間が、親鸞に真宗を教えた師匠法然上人のお言葉と、親鸞によって真宗の教えを聞きえたお弟子の述懐、その師と弟子との御書物を勉強することは大変結構なことだと確かめてくださったのです。これは今日に到りましても、私の心の奥にじっと聞こえていることでありまして、親鸞の教えを明らかにしていこうとする私の中に、親鸞に真宗を教えた法然と、親鸞から真宗を聞きえた弟子、師と弟子との御書物を最初に勉強するのは大変大切なことだというお言葉ですね。今でもそれがどういうことなのかという意味を、私の口から言葉にして言うことは出来ないのです。出来ないのですけれど、そのことは非常に大切なことを教えていただいたという実感を消すことは出来ません。何か師と弟子のお言葉を最初に勉強していくということが、親鸞聖人のお教えを明らかにしていく一番大事な姿勢ではないのかということを、教えられたという実感が今でもございます。先生がお亡くなりになった今、真宗学徒として親鸞聖人のお教えを明らかにしていこうとする時、曽我先生に最初にお教えいただいたお言葉が、いったい何を私に指示していてくださっているのか、改めて問いなおさなくてはならないというのが、この頃の実感であります。

ところがその時には、ついほっとしまして、『歎異抄』について、こんなことをお尋ねしてしまったのです。

「『歎異抄』を勉強するについてはどのように勉強したらいいのでしょうか。『歎異抄』が一番よくわかるにはどのような勉強をしたらいいでしょうか。『歎異抄』を勉強するのにいい参考書があったらお教え願えないでしょうか」

つまらないことを聞いたものですが、それをお聞きになった先生は顔をひきしめられて、言下に、

「『歎異抄』の解説書を書ける人間は日本中に一人もおりません」

とおっしゃいました。次に『歎異抄』をどのように勉強したらいいかという問について、

「『歎異抄』をわかろうと思うなら、少なくとも第一条から第十条まで暗誦が出来るようにするのがよろしい」ということでした。

「それもどうしても時々間違うという心配があるならば第一条だけは、食事をしている時にでも、

電車の吊革にぶらさがっている時にでも、便所の中に居るときにでも〝弥陀の誓願不思議にたすけられまいらせて……〟とフッとでてきたら、そのままスーッと一気に〝悪をもおそるべからず、弥陀の本願をさまたぐるほどの悪なきがゆえにと云々〟と、最後まで念頭にでてくるようになったら『歎異抄』はかならずわかります」

これが曾我先生にお会いした時に、最初に教えていただいた『歎異抄』についてのお教えでありました。

それを聞いた時、そのくらいのことはたいしたことではないと思っておりました。十条を覚えるくらい何日かかかれば出来る。まして第一条ぐらい覚えることはごく簡単なことだろうと思っておりました。しかし、今日になりましても出来ません。第一条が〝弥陀の誓願不思議にたすけられまいらせて……〟〝弥陀の本願をさまたぐるほどの悪なきがゆえにと云々〟と、よどみなく念頭にでてくるかというと、十何年『歎異抄』をしょっちゅう拝読しているつもりの私ですが、それが出来ない。言えといわれれば何とか言えますが、間違いはしないか一字抜けはしないかと、常に頭の中で雑念を持ちながらしか言うことが出来ない。そういう体たらくで来ているのですが、最初にそれが出来なければ『歎異抄』はわからないと先生がおっしゃったお言葉を裏返すと、まだお前には『歎異抄』はわからないというお言葉として響いてくるわけです。

先生は決して力んだことをおっしゃったとは思いません。なんでもないことを先生はおっしゃったに違いないのですが、平々凡々としたことをおっしゃったという実感がするのですが、しかし、その一番平凡なところで『歎異抄』が私の生活に定着しないならば、『歎異抄』を頷くということが出来ない。というのが『歎異抄』というお聖教のもっている力であり魅力であるはずなのだ。今日多くの方々に愛読されるのは、そういう一番平凡な大地のところでの声となり、呼び掛けてくるからなのである。そうすると『歎異抄』が本当に理解出来るのは、呼吸をしているのと同じように、『歎異抄』の第一条が念頭に浮かぶようになった時、呼吸と一つになった時『歎異抄』が本当にわかると教えていただいたのだと、今改めて思うわけです。そうしますと、今でもそのことの出来ない自分の愚かさと申しますか、それが改めて思わせられるのです。先生の百ヶ日でもありますし、そういう気持で『歎異抄』第一条を味わわせていただきたいと思います。

念仏の問いかけ

『歎異抄』の第一条はとくに生活の大地に密着しているという気が致します。『大地の感覚』という本をお書きになった宮城智定という先生がいらっしゃいますが、この先生もちょうど今日一周忌に当りますが、その大地の感覚です。その人が偉いとか偉くないとか、頭がいいとか悪いとか、その人その人の生き方は違いますが、その違いの底をつらなっているような大地の感覚に訴えてくる言葉が『歎異抄』の第一条だと思うのです。ですから、大地の感覚を失っている間は

『歎異抄』はわからないと申せましょう。そういうことで『歎異抄』の第一条について最近いろいろに思うているのですが、特に最近ひとつの経験をいたしました。

今年の四月から一ヶ月に一度、大阪のある女子大学へ話に行っているのです。そこで『歎異抄』をお話するというお約束をしてしまったのです。女子大学の一年生二百四十人程集まっている中で『歎異抄』のお話をしようとすると、私のような人間は大変困るわけです。とにかく「弥陀の誓願」とは何かとか、「往生」とはどういうことなのかとかいちいちやっていたのでは一年かかっても終りっこない。そこで夏休み前にその女子学生達に『歎異抄』の第一条を五回以上読んで来てほしいと頼んでおいたのです。いよいよ第一条に入る前に、「五回読めた方何人いますか」と聞いたところ、二百四十人中二十人ばかりおりました。逆に「一回読んで二回目に読み進もうと思った人何人ありますか」と聞きますと、五十人もいないのですね。そうしますと、五回読むという宿題が、その学生達にとんでもない苦痛をあたえたということになるわけです。一回は読んだが二回目には読み移れない。五回読んだ人はよほど辛抱強いか、特別な興味があるか、どちらかでしょうね。

私はその時にその学生さん達に「お話をする前に一つ約束をしておきたいことがあります。それは私にとっての約束でもあるし、皆さんにとっての約束でもある。それは少なくとも宗教、あるいは宗教についての言葉、あるいは宗教についての事柄、そういうことに関しての予定観念をすべて捨ててください。私も捨てようと努力しますし、皆さん方も捨ててください。そうしないと『歎異抄』を話すことは出来ないから、捨てるという約束をしてください」と申しました。

二百何十人の学生さん達は、私達は予定観念など持っていないという顔をしていました。別に宗教の勉強をしに来た人達ではないので、英文学であるとか国文学であるとか、幼児教育科とかですから予定観念を持っていない、だから捨てるものがない。そのような観念は持っていないというわけでしょうが、念のために、念を押しておきました。そして、

「あなたがたが読んでくださった第一条がとてもわからない、手がつけられないというようであるけれども、私はこの第一条を一言で言ってしまえるのだけれど」

といいますと、学生さん達はノートをとろうとかまえました。

「あなたがたは少なくともこの学校に入学試験を受けて入ってこられた、いわばエリートである。そのあなたがたが一言というのを字に書かなければならないのは困るんじゃないですか。一言というのは本当に一言でして、その一言でこの第一条に何が書かれているかを言い当てることが出来るのです」といって、黒板に「南無」と書きだしました。すると皆がドッと笑った。そこで私は「南無阿弥陀仏」の横に「人」と書きまして、学生さんの方をむいて、次のように言いました。あなたがたは、最初から約束を破ってしまわれた。それではお話が出来ない。あなたがたに、宗教についての予定観念は捨ててくださいといったら、誰もそんなものは持っていないという顔を

していたけれども、ちゃんと予定観念を持っておられるのではないか。〝南無〟と書きだすと皆笑われた。ということは、南無阿弥陀仏という宗教の言葉を笑うような内容として知っていたということでしょう。本当に笑う内容のものか、怒る内容のものか、悲しむ内容のものかはわからないが、〝南無〟と書いただけで笑ったということは、みなさんは笑うような事柄として、南無阿弥陀仏という宗教の言葉を、知っておりすぎたということですね。だからそういう意味では笑う心を捨てていただかなくてはならない。

捨てていただくと、南無阿弥陀仏とはいったい何を言い当てているのだろうかと、尋ねることが出来るのではないか。もし笑う心で、これからも南無阿弥陀仏という言葉を知っているという形をとるならば、ついに南無阿弥陀仏が語りかけているものに耳をかたむけることはないだろう。しかし笑う心を払って、予定観念を払って、さて南無阿弥陀仏とは何であろう、どういう言葉であろうと尋ねる。尋ねていくと、やがて南無阿弥陀仏とは、人そのものを明らかにする一番的確な言葉であることがはっきりしてくる。

そういう意味では南無阿弥陀仏とは人が人である道、人が人であることを確かめる言葉、人が人であることを教えてくれる言葉。それが南無阿弥陀仏という言葉ではないのか。しかもそれは、私という人間がいっているのではなくして、とにかく仏教が地上にしるされてから今日まで何千年という間、いろいろな人類が、いろいろな苦悩の中で、人間とは何かと問いつづけてきたが、その問いの歴史の中を耐え抜いて、ついに南無阿弥陀仏がほかの言葉に変らなかった。今日まで、いわば人間の苦悩と悩みのただ中で、試練に会いながら、ついに南無阿弥陀仏は南無阿弥陀仏以外の言葉にならなかったという、本当に希有な言葉である。

歴史の風雪に耐えて、人々が苦しみや悲しみや、いろいろな問題をかかえた中で、いったい人間とは何だろうかと、こう尋ねる、その問いが、南無阿弥陀仏によって答えられて来たあかしがある。とすると、南無阿弥陀仏が人間を明らかにしている言葉だということは、私がいうのではなくして歴史が証《あかし》していることではなかろうか。それを尋ねないのは、私達にとって一番大きな損をすることになるのではなかろうか。このような話をしました。窮余の一策のような形で言ってしまったのですが、言ってから改めて間違いがなかったように思うのです。

他力の名義釈

そう言い切ったところから『歎異抄』の第一条、第一条の中でもとくにその第一段であります。

弥陀の誓願不思議にたすけられまいらせて、往生をばとぐるなりと信じて念仏もうさんとおもいたつこころのおこるとき、すなわち摂取不捨の利益にあずけしめたまうなり。

これだけのお言葉は、『歎異抄』における名義釈だと思っています。名義釈というのは曇鸞大師が五念門を御解釈になります時に、称名は讃嘆門だとおっしゃって、どうして讃嘆門なのかとい

うことを、天親菩薩の教えを受けながら曇鸞大師が御解釈になる時に、名を称するということは、

かの如来の光明智相のごとく、かの名義のごとく、実のごとく修行し、相応する

から、如実修業相応で讃嘆である。名と義とが相応する、義とは光明智の働きである、と、そうおっしゃっています。これが名義釈ですが、この名義釈が、やがて善導大師にひきつがれて、名号六字釈という形で示されることとなります。親鸞聖人にまいりましても「行巻」で、

「帰命」というは本願招喚の勅命なり。

というお言葉ではじまる。あそこまで伝わっております。それをふっと思いだしたのです。そういう意味で『歎異抄』の第一条の第一段は、『歎異抄』が聞きとった名義釈である。南無阿弥陀仏の御解釈である。だから南無阿弥陀仏という人間を明らかにする言葉、その言葉をひらくとどうなるかというと、

弥陀の誓願不思議にたすけられまいらせて、往生をばとぐるなりと信じて念仏もうさんとおもいたつこころのおこるとき、すなわち摂取不捨の利益にあずけしめたまうなり。

ということになる。これが間違いのない完璧な名義釈であると、その時改めて思ったわけです。

その名義釈をもっとひらいて申しますと、

「弥陀の誓願不思議にたすけられまいらせて」

中をすっぽりと抜いてしまって、

「摂取不捨の利益にあずけしめたまうなり」

というところへ一挙に移ってしまうのです。そういたしますと、

「弥陀の誓願不思議にたすけられまいらせて、摂取不捨の利益にあずけしめたもうなり」

これが南無阿弥陀仏の中味だと思うのです。「たすけられまいらせて」とか「あずけしめたまうなり」という言葉はいうまでもなく敬語でございますから、これを取り除きますと、

「弥陀の誓願不思議にたすけられて、摂取不捨の利益にあずかる」

ということになる。もっとそれを省略いたしますと、

「弥陀の誓願にたすけられて、阿弥陀の光を生きる」

ということになってしまうのではないでしょうか。摂取不捨は阿弥陀ですから、それをもっと私流に省略すると、

「無限の願いに呼びさまされて無限の光を生きる」

と、こういうことになるのではないでしょうか。無限という言葉をはずすならば、「願われて、光を生きる」、これが私は南無阿弥陀仏の事柄だと思うのです。

尊厳なる事実

蓮如上人が、「当流の本尊は、木像より絵像、絵像よりは名号という」と言っておられます。

そのお言葉は決して木に彫った仏さまより、絵に描いた仏さまが、絵に描いた仏さまより、字に書いた仏さまのほうがいいというわけではないのです。端的に言えば親鸞聖人が明らかにしてくださった本尊は南無阿弥陀仏であるということをおっしゃっている。

私は最近「本尊」という言葉に注意させられるわけなのです。私達は長い間本尊という時、御の字をつけて「御本尊」、下に様をつけて、「御本尊様」と丁寧に呼んでおります。しかし丁寧に呼んでいる心の中には何か少し違う要素が入っていないかと思うのです。というのは本尊という字は誰が読みましても、本当に尊いとしか読めないのではないでしょうか。ところが御本尊様といっておりますす私の気持の中には、何か本当に尊いといっている下に一字付け加えているのではないかという気がするのです。何を付け加えているかというと、「もの」というような字で語られるようなことを付け加えているのですね。ものといいましても、いろいろな使い方があります。大切なもののものというようなことですね。だから御本尊様といった時には本当に尊いお方、尊いものという感じがする。本当に尊いという言葉の働きを一つの固定したものにかえて、私達は使おうとしているのではないかと思うのです。ところがよく考えてみますと、人でありましても、ものでありましても、おかたでありましても、やはり固定化して私達の意識にのぼる限り本当に尊いということにはならないのではないかと思います。かならず生命から二番目か三番目に置かれてしまうのではないかと思うのです。だから私はそういうことを自分にはっきりとさせたいものですから、本当とは本当に尊い、本当に尊いだけでもの足りなければ、もののかわりにことという字をつけてみるのです。本尊とは何か、本当に尊いことである。本当に尊い事実である。こういって見ると、私には非常にはっきりしてくるのです。と申しますのは、当流の本尊はただ阿弥陀仏ではなくして、南無阿弥陀仏なのですね。南無阿弥陀仏は人でもなければ固定したものでもないことは明らかです。やはり南無阿弥陀仏として、私達の口をついてでるのですし、礼拝すると、そこに立っていらっしゃるお姿も南無阿弥陀仏ですから、南無阿弥陀仏はものではないわけです。

田舎のお寺へ帰りますと、田舎には旧家というものがあって、旧家の御主人というのは格式を重んずる人が多い。当家の御本尊は何々時代の作だと書いてあるが、本当かどうか京都へ行って確かめて来てくださいという人がある。そういう人に対して私はときどき御本尊を確かめることの出来る人は世界中どこにもいないのではないですか。美術品ならば確かめられる人もいるが、これは美術品ですか御本尊ですかと嫌味をいったものです。何かそういうものがあるのではないでしょうか。御本尊さまといっておっても、鎌倉時代とかいうのがつきましてね。どうもその辺でものになってしまう。ものになって固定化いたしますと、生命よりも大切というわけにはいかないのですね。

ある学生さんで学園闘争のさなかに「生命と引きかえにしても真実とめぐり会いたい」といっ

た人がありますが、本尊とは生命とひきかえにしてもいいような真実、会いたいという言葉で人々が求めるような事実ではないのでしょうか。そうしてみますと、南無阿弥陀仏は当流の本尊だということは、本当に尊いことだという、それを教えてくださっている。学生さんなどに申します時には少しむつかしくいいまして、「人間生活における真に尊厳なる事実」と、こう言います。そうすると学生さんは「わかった」と言います。人間生活における真に尊厳なる事実ということと、人生において本当に尊い事というのとは違いますかね。同じことだと思います。そうすると南無阿弥陀仏というのは人間生活において本当に尊い事柄。そのことにおいてはじめて人間生活が成り立ち、そのことを失えば、ついに人間生活とは何か、人間として生きるとは何かということがわからなくなるような、そういう事実が南無阿弥陀仏だと思いますね。そういたしますと、南無阿弥陀仏がものでなく事柄だとすると、生命のただ中に、生活のただ中に働きを持っているわけです。その働きが、先程申しました「願われて光を生きる」、願われて光を生きる私になるという、そういうことが私の生活において本当に尊いことではないでしょうか。人間生活にとって本当に尊いことは一つしかない。願いに目ざめて、光を生きる私になれるかなれないか。そのことで尽きていると思います。そうすると阿弥陀の願いに呼びさまされて阿弥陀の光を生きる私になれる。これが南無阿弥陀仏という生きて働く仏さまと申しますか、南無阿弥陀仏の名義だと思うのです。

信心の内実

その願いに呼びさまされて光を生きるという私になれる頷きを、親鸞聖人は信心という言葉で教えてくださったのだと思うのです。信心とは何か、蓮如上人も次のようにおっしゃっておられます。「信心を獲得するということは、第十八の本願を心得ることである。この願を心得るというのは南無阿弥陀仏の姿を心得ることである」と、こうおっしゃっています。

そうしますと蓮如上人も、信心を獲得するということは信心をつかむことではない。本願を心得るということだ。本願を心得るということはどういうことかというと、南無阿弥陀仏の姿を心得るとおっしゃっておられますから、姿とはやはり姿形で、生きて働いている事実でしょう。そうすると信心を得るということは何かというと、南無阿弥陀仏の事実、南無阿弥陀仏という人間生活における本当に尊い事柄に頷くということが、信心を得るということだと蓮如上人もおっしゃるのです。そうしますと願いに呼びさまされて、光を生きる私になるということは、生命の事実に頷くことであり、その頷きの心が信心ということだと思います。そうなりますと名義釈ですから信心にはちゃんと中味があるわけです。その中味を『歎異抄』では「往生をばとぐるなりと信じて」とおっしゃっていますから、信心の中味は、「往生をとぐる」ということである。往生、「往」は行くですし「生」は生きるということです。曾我先生がある時「往生とは生活である」とおっしゃったことがありますが、生活、やはり生きていくということだと思います。そういう意味では人間の生命は決して「昨日またかくてありけり、今日もまたかくてありなん」ということはないと思うのですね。やはり昨日の私に死んで今日の私に生まれていく。それが生まれるという事実だと思います。ところが私達の自我の思いというものは、いつでもそういう生きて働き動いていく事実を停止してみて、その止めてみた心によって自分自身が捕われる、ということが私達の生き方ではないのでしょうか。

二、三ヶ月前ですが、あるお母さんとお嬢さんが北陸の方から京都の私のところを訪ねてくださいました。毎年北陸のある所にまいりますが、その会場に娘さんのお母さんが、お話を聞きに来てくださっていた。ところがその娘さんが高校卒業後、その地方の製薬会社に勤めたらしいのですが、自分の受け持ちの集金先があるのだそうでして、十軒程だったのですが、その中の一軒が非常に貧乏でお金をもらいに行っても払ってくれない。それ以上払ってくれとはいいにくいので、はじめの頃は自分のボーナスで立てかえてみたりしていたのですが、だんだんかさんできて金額で十万円になった。その時その娘さんはこの伝票さえなくなれば私もこんなに苦労しなくてもいいし、あの家の人も苦労しなくてもいいとふと思って、伝票を焼いてしまった。焼いた途端にハッと気がついたのです。大変なことをしてしまったというので娘さんは東京へ飛出していってしまって、あるホテルで服毒自殺をはかった。ところが幸い生命は助かったのですが、それからすっかり性格が変ってしまった。生きていく望みがない。結婚も出来ないしということなのでしょう、ずいぶん苦しんでまた家出をした。幸いにまたつれもどした。そんなことがあって思い余ったお母さんが、頼んで頼んでその娘さんを私のところまで寄越されたのです。来てくれましたが娘さんは挨拶もしない。恐い顔をしている。私もそんな大きな悩みを持った人に教える資格も能力もないのですが、せっかくお見えになったのですから、

「私の一人ごとのつもりで聞いてください。あなたは今から三ヶ月前に、三ヶ月たったら廣瀬という人間の前へ座るというあなた自身を想像してみたことがありますか」

と尋ねますと、

「ありません」

といいます。私という人間を知らないのですから、あるはずがない。

「ところが三ヶ月前には思ってもみなかったことが、あなたの想像を越えて京都の廣瀬という男の家の、今だかつて座ったこともないところに、今、現に座っている。これはいったいどういうことなのであろうか。あなたは生きる値うちがない、どうしようもないと、生きる目的を失って自殺をしようとしたそうだけれども、明日はどうなるのか、どんな自分になるのか、あなたには想像もつかないはずである。その証拠に三ヶ月前には思いもつかなかったあなたが、こうして今、廣瀬のところに座っているという事実がある。とするとあなた自身が心の痛手をかかえているかしらないけれども、明日はまっ暗だという人生、生きる望みがないということは、あなたはあな

た自身の人生に対して傲慢だという証拠ではないのか。自分の人生を自分で決めるということは傲慢なことである。その傲慢さが払われてみると、実は昨日の私と今日の私とでは生命は正直に確実にかわっているということがあるのではないか」

と、話をしました。つい先頃北陸の会へまいりましたら、お母さんがやってこられて、結婚する気になって結納もおさまり、今月結婚式の運びになったと報告してくれました。

往生というのはそういうことではないでしょうか。自分で自分を決めないということではないでしょうか。自分で自分を決めない。私はこういう人間だ。私にはもはや明日はこうしかならないのであると、自分で自分を決めない。決めないから与えられた自分を生きるということが出来る。そこに行き止まりのない生命のあゆみに正直である私が生まれてくるのではないでしょうか。

曽我先生は、

「往生というのは京都から東京へ行くようなものである。東京が目の前にパッと出てくることはない。車の轍《わだち》が一回転するたびに東京へ東京へと動いて行くのである」

ということも言われました。往生とはそういうことなのである。往生浄土というのはポカッとそういうものがやってくるのではなくて、コトンコトンと轍の一回転が京都から東京へというように往生という事実を歩いているのだ、とおっしゃったのです。

その通りで往生とは生まれてゆくことであり、新しく生きていくことである。常に新しく生きていって、ついに往生をとげる。一生を尽して往生をはたしとげる。金子先生は、「人間の特徴の一つにあげることが出来るのは、ほかの動物と違って、人間は年をとれば年をとる程美しくなれるというのが人間の特徴である」といっておられます。大変いい言葉ですね。他の動物は若い頃の方が美しい、人間も同じではありますが、しかし他の動物と少し違う。どこが違うかというと、年をとるほど美しくなれる。美しくなれるということは、往生するということなのだと思います。やはり一刻一刻年をとったということが、中身になって新しい自分に生まれかわっていく。そしてやがて往生をとげ、生命の終る時をもって、一番美しくなれる。それを仏になる。成仏と、こういうのではないでしょうか。そうしますと信心には中味がある。中身は生活である。その生活は往生をとぐるという生活であります。

信心の表われ

往生をとぐるという具体的な中味を持った生活への頷きが信心だといたしますと、信心はまた表現を持つのだと私は思います。信心はかならず表に現われると思いますね。やはり蓮如上人ですが、「心内にあれば、色外にあらわる」、これが南無阿弥陀仏をとなえることだとおっしゃっています。それを『歎異抄』では、

念仏もうさんとおもいたつこころのおこるとき

と、言われるのではないでしょうか。ですから往生をとぐるということが信心の中味である。そして「念仏もうさんとおもいたつこころのおこるとき」というのが信心の表現である、と言っていいのではないかと思っております。

それについて曾我先生のエピソードを思いだします。曾我先生は若い頃から、お話がむつかしくて有名でした。ある処へ行かれましたところが、よく先生のお話を聞いていた一人の御老人が身体が不自由になったので先生のお話が聞けないから、娘さんにかわりに行って聞いてきてくれと頼んだ。娘さんはかわりに聞きに行った。先生のお話を一生懸命に聞いていたけれども、さっぱりわからない。とうとう困り抜いて先生に、

「家のお母さんに今日のお話をしなくてはならないが、先生のお話はさっぱりわからない。お話の要《かなめ》を書いてください」

とお願いした。先生は「はい、はい」といって三ヶ条書かれた。その第一条は、

問い「仏さんとはどのようなお方でありますか」

答え「我れは南無阿弥陀仏なりとなのっておられるお方である」

第二条は、

問い「仏さまはどこにおいでになるか」

答え「念ずる人の前においでになります」

第三条は、
　問い「仏さまをどのように念ずればよろしいか」

　答え「仏、たすけましませ、と念ずるのです」

たすけましませ、というのは蓮如上人のお使いになるお言葉でございまして、たすけましませということは同時におまかせしますというお心と一つのことです。曾我先生は、

「いつでも誰でも何処でも、仏さまを念ずることが出来ます」

と書いてお渡しになったそうです。そのお話を聞いて、いろいろなことを聞きたいと思うけれども、本当に尋ねたいことはこれだけしかないのではないかと思ったのです。「仏さまとはどんな方ですか」「仏さまはどこにおられますか」「仏さまにどうしてお遇い出来ますか」この三つを尋ねて、この三つに領ければ、宗教の問題にこれ以上のことはないのではないでしょうか。仏さまとはどんなお方ですか。仏さまはどこにおられますか。仏さまにはどうしてお遇いすることが出来ますか。この三つが尋ねたいことで、後はつけたしではないでしょうか。


　曾我先生のそのお話をうけたまわりました時に、ふと、もう一人の先生、正親《おおぎ》含英《がんえい》先生のお話を思い出したのです。正親含英先生があるところで、

「人間の母親には三通りの母親がある。一つは役場の戸籍簿の上にのっている母親である。一つ

は私の前に居る母親です。もう一つの母親というのは、お母さんと子供が呼ぶという事実のところに生きて働いている母親である。この母親が一番具体的な生命を持った母親なのではないか」こういうお話をなさったことがあります。戸籍簿の母、目の前の母、お母さんと呼ぶ声の中に生きている母。私はこの正親先生のお話を、曽我先生の三ヶ条のお言葉とあわせて心の中で思います時に、「念仏申さんとおもいたつこころのおこるとき」、それはどんな時なのか。正親先生のお話にあわせると「お母さん」と呼ぶときではないか。その「お母さん」という時、そこにお母さんがいるのでしょう。「お母さん」と呼ぶ、向うにお母さんがいるのでもなければ、「お母さん」と呼ぼうとした憶いの中にいるのでもない。「お母さん」と呼ぶ声となった、そこにお母さんがいる。

戦争中、不幸にして生命を終ろうとした兵士が最後に「お母さん」と呼んで死んでいく。あれは「お母さん」と呼ぼうと思って呼ぶのでもなく、呼べば生命が助かると思って呼ぶのでもない。あの一言の中に母との対面があるわけですね。生きた生命は遠くはなれていても、生命の底では一つに生きているという母親との出会いが、「お母さん」と死にぎわに呼ぶ。その瞬間の一声のところで会っているわけでしょう。それが生きて働いているお母さんですね。

そうしますと、仏さまとはどのような方か。我は南無阿弥陀仏なりと名のってくださっている方である。その仏さまはどこにおいでになるか。南無阿弥陀仏と念ずる人のところにおいでになる。その仏さまをどのように念ずるか。「仏たすけましませ（おまかせをする）」というところに仏さまを念ずるということがある。このお言葉が一つになりまして、「南無阿弥陀仏と仏は念じてくださり、南無阿弥陀仏と私は呼ぶ」。そこに南無阿弥陀仏と念ぜられておる私が、南無阿弥陀仏と仏を念じて、そして仏に遇い仏と共に生き、仏によって死んでいくという、そういう生命を新たに領くことが出来る。

お母さんと呼び、お母さんと呼ぶ声の中にお母さんに遇って、お母さんの生命の中で死んでいき、生きていくという一人の子供がいる。南無阿弥陀仏と呼びかけてくる仏に、南無阿弥陀仏と念仏しながら遇って、南無阿弥陀仏の中に生きていく私がある。これが、

念仏もうさんとおもいたつこころのおこるとき、すなわち

という一言の中に『歎異抄』の著者が明らかにしてくださっている事柄ではないかと思うのです。ですから、そういう意味で当流の本尊は南無阿弥陀仏であります。南無阿弥陀仏は礼拝の対象の姿をとっていますけれども、同時に南無阿弥陀仏と呼ぶ時、呼ぶその人の生活の本当に尊い事実として、生活のただなかに生きて働くわけです。そういたしますと信心には中味がある。中味は往生をとぐるという刻々に新しく生きていける私になれるということである。

それは表現を持つ。表現は南無阿弥陀仏と呼ぶ仏を南無阿弥陀仏と念じつつ、南無阿弥陀仏の中に生きていくという表現をとる。その時、

「すなわち（即時）摂取不捨の利益にあずけしめたまうなり」

ということになる。それを親鸞聖人は『末燈鈔』の中で、

摂取不捨のゆえに、正定聚のくらいに住す。このゆえに、臨終まつことなし、来迎たのむことなし。信心のさだまるとき、往生またさだまるなり。

と、こうおっしゃっておいでになります。そういたしますと、『歎異抄』の第一条のなかでも第一段は名義釈だと私が思いつきまして、思いつかしてもらったのは、そういうことにあまり御縁のない女子大学の学生さんが、『歎異抄』は南無阿弥陀仏を明らかにしているのであり、南無阿弥陀仏は人が人となることだ、といい切らせてくださったことがご縁になったことですが、名義釈だということは間違いがないというふうに思っているわけであります。（一九七一・九・二六）

二

願われて光を生きる

もう少し『歎異抄』第一条を「願いと光」という目安のもとに、味わっていきたいと思いながら、お話をさせていただきます。先月は、

弥陀の誓願不思議にたすけられまいらせて、往生をばとぐるなりと信じて念仏もうさんとお

もいたつこころのおこるとき、すなわち摂取不捨の利益にあずけしめたまうなり。

という第一段のお言葉を中心にしてお話をいたしました。

ここに座りまして念頭に出て来ましたのは、この一段は真宗学で申しますと、名義釈でないかなと、ふっと思いつきまして、お話をしたことを思い出します。何が語られているのか。一言で申しますと、それは南無阿弥陀仏という言葉でいいあてられた事柄が、「弥陀の誓願不思議にたすけられまいらせて」から「摂取不捨の利益にあずけしめたまうなり」というお言葉まで、そこに語りつくされているのではなかろうか。そういう意味で名義釈と申したのです。名義釈と申しますとまたむつかしくなりますが、天親菩薩のお言葉にしたがえば、

「かの如来のみ名をとなえることは、かの如来の光明智の働き（光明智相）の如く、かの名と義の如く、かの名義の如く、実の如く修行し相応せんと思う」

と、こうおっしゃっていますね。そのお言葉について曇鸞大師が御領解になります時に、こんなふうにおっしゃいます。

かの如来のみ名に依って、かの如来の光明智相のごとく讃嘆するがゆえに。

と、おっしゃっておられます。そういたしますと天親菩薩のおっしゃるお言葉は、やはり南無阿弥陀仏という、そのことを明らかにしてくださるに違いない。

南無阿弥陀仏とは何なのか。「み名をとなえれば光あり」ということだと思うのです。それを

曇鸞大師は「み名によって光の世界を生きる。それが讃嘆の日暮らしである」、こういうふうにおっしゃっているのではないでしょうか。真宗学ということになれば、こんなずさんなことではいけないのでしょうけれども、思い切ってそんなふうに考えることが出来るのではないか。こう思ってみますと、それを『歎異抄』のお言葉へ返してみますならば、願われて光を生きる私を見出すことである。これで名義釈は尽すことが出来るのではないかと思うのであります。

そういう意味では、南無阿弥陀仏と申しますのは浄土真宗の御本尊でございますが、御本尊にただ阿弥陀仏でなく、南無という二字がついていることは、南無がついている限り、その御本尊というのは決して静止的に止まった形でどこかに置いてあるものではなくて、生きて働いていてくださる事柄でなくてはならない。そうしますと、南無阿弥陀仏が御本尊だということは、人間生活において本当に尊い事柄、人間生活における真に尊厳なる事実と申しましょうか、本当に尊いこと。このことがあればこそ、人生が成り立つ、このことを失えば人生は零になってしまうというような、人間生活における本当に尊い事柄が、南無阿弥陀仏という言葉でいいあてられている事柄なのです。ですから本尊と申しましても、決して本当に尊いものではなくて、本当に尊いことである。平易な言葉でいえば、「あなた何十年も生きてこられたけれども、人生において本当に尊いことは何ですか」こう尋ねられて、「このことです」と答えられる、そういうことです。それが南無阿弥陀仏という念仏、南無阿弥陀仏という六字で指し示されている事柄だと領解しますと、その事柄の名義釈ということで、その事柄の内容を開いて語るならば、「弥陀の誓願不思議にたすけられまいらせて」、「摂取不捨の利益にあずけしめたまうなり」という自分自身を見出すことである。これで私はいいような気がするわけです。そういう意味で申しますと、正親《おおぎ》先生が「かけた願いにはかならず限りがある。かけられた願いには限りがない」こういうことをおっしゃいましたが、それですね。弥陀の誓願不思議というのはかけられた願いなのでしょう。人間というのは自分がかけた願い、自分がしてあげた事柄は何十年たちましても忘れないのですね。あの時ああしてやった、この時こうしてやったのに、どうして恩返しをしないのだろう。何十年たっても忘れないものですね。よくまあ克明にこんなことまで覚えているものだというほど、人間というものは自分がかけてあげた願いについては忘れないように出来ています。それが日が立つにつれて、かけてあげた願いが生きていく時はなまなましく働くのですけれど、思い出になって二十年、三十年たちますと干からびてまいります。干からびてくると働かなくなるどころか、だんだん固まってしまいます。それがずいぶん人さまに御迷惑をかけているなあと思うわけですけれども、かけた願いには限りがある。しかし、かけられた願いには限りがない。そのかけられた願いが「弥陀の誓願不思議」といわれることなのでしょう。

ある新聞の片隅に、

よき母になりたしと思う

わが子の彫りし版画の
　われのほほえみをみて

そういう短歌がでておりました。子供さんがお母さんの顔を版画に彫った。その顔は泣いた顔でもなければ怒った顔でもない、笑っている顔なのです。子供は私に笑っておれるようなお母さんであってほしいという願いをかけてくれているのだなあ。とすると、よき母にならなければならないなあ、と、こういう感情を素直に表現したのでしょう。そこに小さい子供さんが一生懸命彫刻刀を持って彫った版画の中に、子供さんを通しての限りない願いが、よき母になってくださいとかけられている。その願いに気づいた時、自分が育てた子供に、逆に子供を通して、親にさせられている自分を見付けていく。そんな気持がこの歌になったのでしょう。

限りなき願いに呼びさまされて、限りなき光に生きる、それが南無阿弥陀仏という人間生活における本当に尊い事柄。言葉をかえていうならば、人間生活のまことが南無阿弥陀仏。願われて光を生きる。そういう事柄の中に、みごとに語りつくされているのではないかと思います。

そういたしますと、その南無阿弥陀仏（願われて光を生きる）、そういう人間生活の真実に目ざめた頷きを、「信心」と、こう親鸞聖人はおっしゃるのではないでしょうか。信心とはほかでもない、南無阿弥陀仏に頷く心なのですね。それは蓮如上人の『御文』の五帖目の五通を拝見しますと、信心獲得すというは、第十八の願をこころうるなり。この願をこころうるというは、南無阿弥陀仏のすがたをこころうるなり。

こうおっしゃっておいでになります。そういたしますと、信心を獲るということはどういうことか。本願を心得るということだ。願いに目覚めるということだ。本願を心得るということは、もっと言葉をかえていうと、南無阿弥陀仏の姿を心得るのだとおっしゃっております。心を心得るとも、道理を心得るともおっしゃっておられない。姿を心得る。姿とはやはり働きです。南無阿弥陀仏という働きである。生きて働く仏様と申しましたが、願いに願われて光を生きるという私の生活のまっただ中に働いて、私の生活を無意味に終らせることのないような、そういう阿弥陀仏の働き、それが南無阿弥陀仏の姿でありましょう。姿を心得るのが信心であると、蓮如上人もおっしゃっておいでになる。としますと、信心という言葉によって親鸞聖人が教えてくださる、その信心が頷いた頷きを『歎異抄』では、

弥陀の本願には老少善悪のひとをえらばれず。ただ信心を要とすとしるべし。そのゆえは、罪悪深重煩悩熾盛の衆生をたすけんがための願にてまします。

と述べているのであり、これが南無阿弥陀仏の姿に頷いた信心の頷きであると思うのです。

無限平等の願い

「弥陀の本願には老少善悪のひとをえらばれず」とおっしゃっています。私自身、時々『歎異抄』を拝読しながら思っているのですが、「老少善悪のひとをえらばれず」と、こうお示しくださっているのですが、この「ひと」という字を落して読んでいる場合が多いようです。弥陀の本願というものは老少善悪を選ばないものだ、と読んでいるように思います。ところが『歎異抄』の御言葉はそうではなくて老少善悪のひとを選ばない。そのことはむしろ「老少善悪」という言葉をとってみるとよくわかると思いますね。「阿弥陀の本願とはひとを選ばない本願である」、こういうことです。阿弥陀という御言葉を清沢先生の御言葉を介していうなら、絶対無限の働きはひとを選ばない。絶対無限の願いはひとを選ばない。無限の願いは老少善悪を選ばないのではなくて、ひとを選ばない。老少善悪のひとを選ばない。どのようなひとも選ばれない。このひとという字が大事なのではないでしょうか。弥陀の本願とはひとを選ばない本願である。無限の願いはひとを選ばないとおっしゃる。

親鸞聖人の『教行信証』を拝見いたしましても、「大信海釈」というところで、やはり、

おおよそ大信海を案ずれば、貴賤・緇素を簡《えら》ばず、男女・老少を謂わず、造罪の多少を問わず、修行の久近を論ぜず、

と、こうおっしゃって、四つ「不」という字を書きまして、身分の貴いものもいやしいものも、

在家者といわれている人も出家者も、老人も若者も悪人も善人も選ばない。罪の大小も選ばない、長い修行を積んだものも積めないものも選ばない。こうおっしゃって、さらに十四「非」という字をつらねられている。そして、その文の一番最後に、

たとえば阿伽陀《あかだ》薬のよく一切の毒を滅するがごとし。如来誓願の薬は、よく智愚の毒を滅するなり。

と、信心とは人を選ばない本願への頷きである。人を選ばない本願とは、阿伽陀薬（何でもなおす薬、万病にきく薬）の一切の毒を滅するが如く、如来誓願の薬は一切の智と愚との毒を滅する、と書いてあります。一切の愚の毒を滅するだけでなく智の毒も滅する。智も愚も、いうならば人間であることのすべての毒を滅していくという頷きが、大信海の頷きであるとおっしゃっています。

無条件の本願

そういうことで、信心とは何かということを一口で申しますと、無条件の本願に頷いた無条件の心である、と、こういっていいのではないでしょうか。信心とは無条件の願いに気づいた無条件の心である。

ところで、その無条件ということですが、私達は本当に無条件というのがありがたいのでしょうか。人間は自由を要求し、平等を要求している。いいかえれば無条件を要求しているわけです。

しかし、無条件を要求するというところに、大きな問題をかかえているのではないでしょうか。無条件の御本願だからありがたい、老少善悪を選ばないからありがたい。こう読むのでしたら、それはそれで通っていくと思います。しかし老少善悪のひとを選ばないというように、「ひと」が入りました時、さてそれほど私は無条件ということを喜ぶことが出来るだろうか、と、考えさせられますね。

ある自動車会社に勤めている友人が申しますには、自動車を売るためには少し形を変え、部品を変えて、価格を上げていきさえすれば売れていくのだそうです。本当をいうと自動車そのものの役割でいうなら、一番簡単な、スタンダードという車で充分である。スタンダードに乗っていると、隣にスタンダードの新車が走ってくる。そうするとそれ以上の車が欲しくなって、スタンダードの上のスペシャルという車が出来る。スペシャルに乗っていると隣にスペシャルの車がならぶ。自分はもっと上等のに乗ってみたくなってデラックスに乗る。デラックスに乗っていると人も乗っている。もっと上等に乗りたくなってスーパーというものまで出来る。最後にはスーパー・デラックス・スペシャル、というような車が出来て、それがよく売れるようになるのだそうです。

そうすると、人間は無限に他のものから特別でありたいのではないでしょうか。無条件がありがたいと申しますが、「ひと」を選ばないというところに気づいてみますと、私は無条件を本当に願っているのだろうか。もし無条件を願っているというならば、私だけは特別に無条件で救ってくださいと願っているのではないでしょうか。いわゆる私だけはスペシャルの無条件でありたいというわけです。そういう意味では、老少善悪のひとを選ばないという言葉は、私にとって、ちょっと待ってくださいと、心のどこかでいいたくなるお言葉ではないのでしょうか。そういうことでは、無条件で救われるからありがたいというのですけれど、その時の無条件は、私だけは特別に無条件で救ってほしい。私だけ特別の無条件という条件を阿弥陀さまにつきつけようとするのが、私自身ではないのかなあと思うわけです。

昔の御講者のお話に次のようなことがあります。

「この身このままのお救いじゃ」

このようにお話なさったそうです。聞いていた御同行が、

「ああ、この身このままのお救いでございますなあ」

といったら、御講者は、

「違う。この身このままのお救いじゃ」

とおっしゃった。で、お同行は、

「ああ、この身このままのお救いですね」

といったら、また御講者は、

「違う、この身このままのお救いじゃ」

と言われた。何か言い当てられているようですね。阿弥陀の本願は老少善悪のひとを選ばないのですから、この身このままのお救いだという呼びかけでしょう。しかし、それを聞く我々は「この身このままのお救いですなあ」と一ぺん念をおして、条件にしようとするのではないでしょうか。そこが違うのですね。その違いを御講者は指摘して、違うとおっしゃったのでしょう。

もしこの身このままのお救いということが、老少善悪のひとを選ばないという言葉が、私に本当に響くならば、「申しわけありません」ということしかなくなってしまうのではないでしょうか。本当に老少善悪のひとを選ばないという言葉が聞こえた時、ああそれでいいのだというふうになるのではなくて、選ばないと言われた途端に、申しわけがないという自分がそこに写しだされてくる。それが本当の救いではないのでしょうか。この身このままのお救いだといわれた時に、この身このままのお救いですなあと念をおすのではなくて、この身このままのお救いだという声の聞こえた時、そのお救いの中にありながら、私だけは特別でありたいという、そういう所に居座り、そういうところで生活している自分があらわになる。そのあらわになった姿が『歎異抄』の、

罪悪深重煩悩熾盛の衆生をたすけんがための願にてまします。

というお言葉ではないでしょうか。

信心の感動

私は、『歎異抄』第一条には一言も説明の言葉がないのだと思います。説明のお言葉がない故に、とくに第一条はなかなか説明が出来ないのではないでしょうか。説明の言葉がないものを説明しようとするから無理なのだと思います。「弥陀の本願には老少善悪のひとをえらばれず」という、その本願の呼びかけが聞こえた時、信心はうちに感動を持つわけです。その感動が「罪悪深重煩悩熾盛の衆生をたすけんがための願」でましましたなあと言う感動だと思うのです。

どうしてそんなことを言うかというと、『歎異抄』を拝見していますと「…がため」という言葉の使い方がとくに三ヶ所あります。一番最初にいった「罪悪深重煩悩熾盛の衆生をたすけんがための願にてまします」の「…がため」です。もう一つは第九条へまいりまして、念仏しても喜べない、念仏しても急ぎ浄土へまいりたいという心が起らないのはなぜなのだろうか、と、こう尋ねた唯円のお尋ねに対して、「親鸞もこの不審ありつるに、唯円房おなじこころにてありけり」と、こう頷いて、その同じ心をよくよく尋ねていく。そして、

他力の悲願は、かくのごときのわれらがためなりけりとしられて、いよいよたのもしくおぼゆるなり。

と、こうおっしゃっております。あのところでも悲願は喜ぶべきことを喜ばず、願うことを願わない、かくのごときわれら。われらとは親鸞が唯円を同朋として肩をたたいておられるような、

お言葉でしょう。そんな「われらがためなりけりとしられて、いよいよたのもしくおぼゆるなり」あのところにやはり御本願を「ためなりけりとしられて」と頷いておられますね。

もう一つはどこにあるのかというと、一番最後の条で、

弥陀の五劫思惟の願をよくよく案ずれば、ひとえに親鸞一人がためなりけり。

こうおっしゃっています。そういたしますと『歎異抄』の中に「ためなりけり」というお言葉で、阿弥陀の本願を頷いている場所が三ヶ所あるわけです。第一条の「罪悪深重煩悩熾盛の衆生をたすけんがための願にてまします」と「他力の悲願は、かくのごときのわれらがためなりけりとしられて、いよいよたのもしくおぼゆるなり」と「親鸞一人がためなりけり」です。そういたしますと阿弥陀の本願への頷きとは何かというと「ためなりけり」という頷きなのですね。「かくのごときのわれらがためなりけり」「罪悪深重煩悩熾盛の衆生をたすけんがための願でありましたなあ」「親鸞一人のための弥陀の本願でありましたなあ」と、ここに信心は頷きを持つ。頷きである限り感動を持つ。感情を持つわけでしょう。恩徳の感情と、懺悔の感情ですね。無条件の救いの中に生きながら、いつでも条件をつけて私流の救いを要求していこうという自分の為に無条件の願があった。こういう大きな転換がそこにあるのだと思うのです。

平等の救い

私はそのことを思いますと、ドストエフスキーの『罪と罰』という小説を思い出すのです。主人公ラスコリニコフの恋人であるソーニャという心の美しい売春婦がいるのですが、そのソーニャの父にマルメラードフという飲んだくれの退役大尉がいるわけです。そのマルメラードフが酒場で酔って、みんなに馬鹿にされているうちに、ウォッカのびんを片手に持って語りかけるところがあります。その中に、

「ソーニャは天使のような子だ。継母にいじめられ、飲んだくれの父親の酒代をかせぐために身を売って働いている。ソーニャは天使のような子だ。主である神さまがお呼びだしになる時、ソーニャをまず呼ばれるだろう。そして『ソーニャよ、お前は罪を犯した。しかしお前は人を愛することを知っている。だから私はお前を呼ぶのだ』といわれる。

ソーニャが呼ばれ、そして次に善人が呼ばれ、悪人が呼ばれ、あらゆる人が呼ばれるだろう。神さまがお呼びかけになるだろう。そして神様が裁きをしてゆるし、あらゆる人をゆるすであろう。最後に『そこに隠れている飲んだくれも出てこい、豚のような人間も出て来い、弱虫も出て来い』こう私達に声をかけてくださる。私がおずおずと出ていくと、賢き人達が、善人である人達が神さまにこう言う。『主よ、なぜあなたはあのような人間をお呼びかけになるのか。なぜあのような飲んだくれの豚のような人間をお呼びかけになるのか』こう言う。

すると神さまがおっしゃる、『賢きもの達よ、善人達よ、彼等は豚のような人間だ。彼等は救われるに値しない人間だ。しかし、彼等は救われるに値しないことを知っている。だからお前達も出てこい』

こういうふうに手を指しのべてくださると、私は主なる神の手にすがって泣く。その時、何もかも合点がいく。あの人のことも、この人のことも合点がいく」

と、こういうようなことを書いています。この言葉を思い出すたびに、感情としては「弥陀の本願には老少善悪のひとをえらばれず。ただ信心を要とするとしるべし。そのゆえは、罪悪深重煩悩熾盛の衆生をたすけんがための願にてまします」という言葉が思われるのです。

神の愛の無限ということを語るのですが、語り方が彼等は救われる理由は何もない豚のような人間だ、善人や賢人達は、なぜ彼等まで救うのかといって、いわば神さまに文句をいう。平等の救いはありがたいけれども、彼等と一緒の救いは困るというわけでしょう。我々は少なくとも彼等とは一緒にならないところに居るのだ。みんな平等に救われていくということは有難い。それが神の愛である。しかしあの無資格の飲んだくれの人間と一緒では困るというのでしょう。そういう救いが救いでは困るというわけです。困るといっているところに、神の言葉が、そのとおりだ、彼等には救われる資格もないし、救われるようないいこともしていない。下の下の人間だ。しかしただ一つ自分達は神さまに無縁である。救われる資格がないということを知っている。だから出て来いと、こう呼びかけていますね。だから来いという呼びかけに、飲んだくれのマルメラードフは自分を頷いて、「そのみ手にすがって私は泣き出す。その時に私は何もかも合点がいくのだ。何もかも合点がいく」。

そこに帰る時、はじめて人間における老、少、善、悪、貴、賤、緇、素、修行の久近、造罪の多少。あらゆるもので差別しあって生きている人間の差別が本当にはらわれて、何もかも合点がゆく。本当の平等の大地に帰れるのである。こういうことが本願への頷きである信心の感情ではないでしょうか。それが『歎異抄』の、

「罪悪深重煩悩熾盛の衆生をたすけんがための願にてまします」

「かくのごときのわれらがためなりけりとしられて、いよいよたのもしくおぼゆるなり」

「ひとえに親鸞一人がためなりけり」

こういう言葉であって、何もかも合点のいく世界でしょう。

光の世界

差別の中にあって、無条件を条件にしなければ生きられない私の心の中では何も合点がいかないのではないでしょうか。親子でさえも合点がいかないのではないでしょうか。妻子といっていても、親だ子だといっておっても、お前と私とは一身同体だといっていても、心の中で合点のい

かないものを持っているのではないでしょうか。それが無条件の人を選ばない本願に頭が下ったとき、はじめて合点がいくのですね。合点がいくということは賑やかな世界がそこに開かれるということでしょう。孤立をしない、生命の内面に連帯のある、本当の生きつ生かされつつある、願い願われつつある、そういう暖かい世界に自分を見出していくことが出来る。それが信心の中味なのですね。そういたしますと、その本願に頷いた心は、そのまま光を生きる私にするのでしょう。

曽我先生が開神悦体というお言葉をよく使われました。神《こころ》を開くことは、そのまま身を悦ばせていくことである。『大無量寿経』のお言葉ですが、こころが開けたのが本願への頷きであるとするならば、身を悦ばす、開かれた生活が、それが実は光を生きる生活ではありませんか。その光を生きる姿が、

しかれば本願を信ぜんには、他の善も要にあらず、念仏にまさるべき善なきゆえに。悪をもおそるべからず、弥陀の本願をさまたぐるほどの悪なきがゆえにと云々

と、それだけのお言葉で語られているのです。

親鸞聖人は『口伝鈔』の中で、もっとはっきり、

それがしは、まったく善もほしからず、悪も恐れなし

とさえいっておられます。あの時の善とか悪とかいうお言葉は、倫理的な善か悪か、宗教的な善か悪かという議論がありますが、もっと平易なところで頷くことが、実は倫理的とか宗教的とか

いうふうに考えていくもとになくてはならないのではないかと思うのです。考えるもとが何でもない日常生活のところになければ、考えるということは意味をなさないのではないでしょうか。

そうしますと、

しかれば本願を信ぜんには、他の善も要にあらず、念仏にまさるべき善なきゆえに。悪をもおそるべからず、弥陀の本願をさまたぐるほどの悪なきがゆえにと云々。

善とか悪とかいう言葉は、例えばみなさまがたのお顔を拝見していましても、いいことがあって晴々したお顔を拝見しますと、ふと声をかけたくなります。暗い顔をしていらっしゃる人をみると、何か悪いことがあったのかなあと思う。善とか悪とかいうことはむつかしく考えるより、そういう日常生活の中に生きている事柄ではないでしょうか。ニコニコしておれば何かいいことがあったのかといいますし、暗い顔をしていれば何か悪いことがあったのかと思う。そういう時、決して倫理的にいいこととか悪いこととか、宗教的な善悪かなどと考えてはいないわけです。やはり顔に出るほどいいこと悪いことが生きている。そういういいこと悪いことが人にわかるほどまでに一喜一憂しながら、私達は生きているわけです。いわばいいことを求め、悪いことを恐れて、吉凶禍福に惑いながら今日を生きている。だからいいことがあったのかと人に見すかされるような時にだけ、私の顔は明るくなり、明るくなって一時間後に暗い顔になる。いいことを求め、悪いことを恐れながら、いつでも心は安らかであり得ない不安を生きている。その不安を生きている私に願いが聞かれるとき、聞いた私は、もはやこれ以上のいいことを求める必要がない。悪を恐れる必要もない。今の私であることに十全に頷いて、自分の一生を尽し切っていけるという、そういう生活が「本願を信ぜんには、他の善も要にあらず、念仏にまさるべき善なきゆえに。悪をもおそるべからず、弥陀の本願をさまたぐるほどの悪なきがゆえに」という、本当に光を生きる自信のある生活なのではないでしょうか。

それは決して偉いから、立派であるから開かれるのではなくて、「老少善悪のひとを選ばない」という本願に頷くところに、万人の上に開かれてくる、悪の恐れから解放され、善を求める不安から解放されて、今日を生き尽せるという、それこれ現生不退という生活が、そこに開かれているのであろうと思います。

生涯を尽す生活

今年の春、広島に行きました時に原爆の平和記念館に行ってまいりました。悲惨な原爆の姿が再現されていましたが、それを拝見していくうちに、胸がつまってくるような感じに襲われました。ところが出口の方に写経が置いてありましたり、屏風に歌が書いてあったりするものが置いてありました。御存じの通り広島は安芸門徒の本拠地で、浄土真宗の信仰が盛んで、書いたものの中にそれがにじんでいるのです。そこに、

生き絶えし子に正信偈誦する間も町は燃えゆく紅蓮の炎

という歌がありました。目の前で息絶えていった子の供養をする僧もなく、自分も原爆の傷を受けながら、子供のためにひたすらに『正信偈』を誦する。その間も町は紅蓮の炎に包まれて焼き尽されていく。その中で子供のために『正信偈』を誦む。そういう実感を込めた歌ですが、その後のところに、

ふたたびを浄土に遇わんみのり聞き念仏に生きる幸せを憶う

という一首がありました。そこには決してお念仏の道、おみのりというものを感傷で受けとめているものはないと思いますね。息絶えた子に自分も傷つきながら『正信偈』を誦す、そういう経験をした人が、しかもそうした地獄の中から出てきた言葉が、

ふたたびを浄土に遇わんみのり聞き念仏に生きる幸せを憶う

という歌になっている。そこに本当に自信のある生活が知らされました。ここで原水爆のことをとやかくいおうとは思いません。しかしそういうまっただなかにあっても失われない平安というものを、私達はどこで見付けることができるだろうかと思うときに、『歎異抄』の第一条を繰り

返し拝見しますと、そこに開かれた人間の生活、本当に自信のある生活、本当に生涯を尽し切っていける生活が、ここにあるのだ、浄土真宗の御本尊がここに明らかになっているのだということを、しみじみと思わせられるのであります。

（一九七一・一〇・三一）

第二条　信心の内景

第二条

（本　文）

おのおの十余《じゅうよ》か国《こく》のさかいをこえて、身命《しんみょう》をかえりみずして、たずねきたらしめたまう御《おん》こころざし、ひとえに往生極楽のみちをといきかんがためなり。

しかるに念仏よりほかに往生のみちをも存知《ぞんじ》し、また法文等《ほうもんとう》をもしりたるらんと、こころにくくおぼしめしておわしましてはんべらんは、おおきなるあやまりなり。もししからば、南都北嶺《なんとほくれい》にも、ゆ

（意　訳）

あなた方が、はるばると関東から京都まで、十余の国境を越えて、いのちがけで私をお訪ねくださったご本心は、ただひとすじに、阿弥陀の浄土へ生まれる道を問い尋ねて、聞き開くためです。

それにも拘わらず、私が、念仏のほかにも浄土へ生まれる道を心得ているとか、またそのための経釈の文なども、いろいろと知っているだろうから、それが知りたいなどと思っておられるのでしたら、大変な誤りです。もし、そのようなご希望ならば、奈良や比叡山にすぐれた学

ゆしき学生《がくしょう》たちおおく座せられてそうろうなれば、かのひとにもあいたてまつりて、往生の要《よう》よくよくきかるべきなり。

親鸞《しんらん》におきては、ただ念仏して、弥陀《みだ》にたすけられまいらすべしと、よきひとのおおせをかぶ(蒙)りて、信ずるほかに別の子細《しさい》なきなり。

念仏は、まことに浄土《じょうど》にうまるるたねにてやはんべるらん、また、地獄《じごく》におつべき業《ごう》にてやはんべるらん。総《そう》じてもって存知せざるなり。たとい、法然聖人《ほうねんしょうにん》にすかされまいらせて、念仏して地獄《じごく》におちたりとも、さらに後悔《こうかい》すべからずそうろう。そのゆえは、自余《じょ》の行《ぎょう》もはげみて、

者たちがたくさんおいでになることですから、その人びとにでもお会いになって、浄土に生まれるための要義をくわしくお尋ねになるのがよいでしょう。

この親鸞においては「ただ念仏して、阿弥陀仏にたすけていただけ」という、よき人のお言葉を聞いて信ずることのほかには、なにひとつとして特別なわけなどはありません。

ほんとうに、念仏は浄土へ生まれる原因なのであろうか、または、地獄へおちる業因なのであろうか、そういうことも、まったく知りませんし、知る必要もないのです。ですから、もし仮に、法然上人にだまされて、念仏して地獄におちたとしても、決して後悔はいたしません。なぜかと申しますと、念仏以外の立派な修行を

仏《ぶつ》になるべかりける身《み》が、念仏をもうして、地獄にもおちてそうらわばこそ、すかされたてまつりて、という後悔もそうらわめ。いずれの行もおよびがたき身なれば、とても地獄は一定《いちじょう》すみかぞかし。

弥陀《みだ》の本願まことにおわしまさば、釈尊の説教、虚言《きょごん》なるべからず。仏説まことにおわしまさば、善導《ぜんどう》の御釈《おんしゃく》、虚言《きょごん》したまうべからず。善導の御釈まことならば、法然のおおせそらごとならんや。法然のおおせまことならば、親鸞《しんらん》がもうすむね、またもって、むなしかるべからずそうろうか。

詮《せん》ずるところ、愚身《ぐしん》の信心におきては

して、仏に成るという能力のある身が、念仏したために地獄へおちたとでもいうのでしたなら、「だまされた」という後悔の思いも残ることでしょうが、どんな修行もしょせんは成し遂げることのできないこの身にとりましては、結局、地獄だけが決まった住家なのです。

もし、阿弥陀の本願が真実であるならば、それを説かれる釈尊の教えは嘘ではありません。釈尊の説かれた教えが真実ならば、善導大師のご解釈に偽りがあろうはずはありません。善導大師のご解釈が真実ならば、法然上人のお言葉が、どうしてたわごとといえましょう。法然上人のお言葉が真実ならば、親鸞の申すことも、これまた、まんざらの無駄ごとではない、といえましょうか。

要するに、この愚かな身にいただく信心とは、

かくのごとし。このうえは、念仏をとりて信じたてまつらんとも、またすてんとも、面々《めんめん》の御《おん》はからいなりと云々

このようなものであります。ですから、このうえは、念仏を信じられようとも、また捨てられようとも、あなた方、お一人お一人の決断にまちます、と聖人は教えてくださいました。

一

真宗の教行証

去年は二回にわけて『歎異抄』第一条をお話させていただきました。また今年も二回にわけまして、『歎異抄』第二条について、少し考えていることをお話させていただこうかと思っております。

第二条は『歎異抄』の中でも有名な一条でありますから、本文については御承知の方が多いわけであります。最近私は『歎異抄』の第一条、第二条、第三条、この三ヶ条を真宗の教・行・証といただくことが出来ないであろうかと考えております。第三条の悪人正機を証といいきるには少々問題もあると思うのでありますが、曾我先生は信とおっしゃっておいでになりますので、信と証とは深くかかわっていることではないかと思います。そう思いますと、特に第三条は、

善人なおもて往生をとぐ、いわんや悪人をや。

という言葉ではじまっておりますね。往生という言葉ではじまりまして「悪人成仏のためなれば」というお言葉になってまいります。そこで往生、成仏ということが第三条では特に中心になって

きているように思うのであります。そういう意味で第一条を私は真宗の教、第二条を真宗の行、第三条を真宗の証、真宗の教・行・証と一応言ってみるわけです。そしてその全体が信心ということではないかと思うのです。

それは『教行信証』の総序の御文をいただきましても、

真宗の教行証を敬信して、特《こと》に如来の恩徳の深きことを知りぬ。

と親鸞聖人がおっしゃっておいでになります。このお言葉から見ると、真宗の教・行・証を敬仰し信心する。敬信して、そこに恩徳の深きを知ることが出来るということであります。教・行・証全体が信心の中味というのはおかしいのですが、信心は裸であるわけはないので、信心には中味があるのでしょう。そうすると、第一条・第二条・第三条というこの三ヶ条が真宗の教行証を顕らかにしてくださっている。その教行証全体が信心として、私という身にいただかれていくところに、如来の恩徳ということが感じられてくるのではないだろうか。そうしますと第四条・第五条・第六条という、あの次の三ヶ条が慈悲というお言葉ではじまって、その次が父母（親と子）ではじまり、その次が、師と弟子ということではじまります。

人間というのはいうまでもなく、一人では居ないのであります。いわゆる間を生きる存在であります。間を生きる存在というのはつきつめていきますと二つになってしまう。それは一つは親から生まれたという事。それが一番の元だと思います。そういう意味では親子ということが、人間関係の出発点に当るわけです。と同時にこの世に生まれてきて、教えに遇うというところに生まれる新しい人間関係が、師と弟子ということではないかと思うのです。親子と師弟、これが、人の間という言葉で語っております、人間生活のもとになっている関係であります。その全部が慈悲—愛という言葉でおさえられます。そうすると、この第四条・第五条・第六条の三ヶ条は、信心によって開かれてくる生活とはどういうものであるか、ということではないでしょうか。

つづいて第七条・第八条・第九条とでてまいりますが、第七条が「無礙の一道」でありますし、第八条は「非行非善」でありますし、第九条は「念仏もうしそうらえども」という言葉ではじまって如来の本願に帰っていく。この三ヶ条がまた、こういう信心の生活はどのような開きを持ち、どのような姿を持つものかということになって、それ全体が、

念仏には無義をもって義とす。不可称不可説不可思議のゆえに。

というところへおさまっていく。これが師訓十ヶ条ではないだろうか。こんなことを考えているのです。

『歎異抄』の主題

その第二条でありますが、この第二条を私は真宗の行であると、こう申しましたが、今申しましたように、全体をおさえていえば、南無阿弥陀仏よりほかにはないということでありまして、

その南無阿弥陀仏が真宗の教えの体でありますし、南無阿弥陀仏が念仏の生活でありますし、南無阿弥陀仏がそのまま救いの事実であるわけです。そうしますと、教行証と申しましても、全部南無阿弥陀仏の事柄であるわけです。同時にその南無阿弥陀仏が教えの体であり、南無阿弥陀仏が念仏の生活であり、南無阿弥陀仏が救いの事実だという頷きが信心でありますから、そうすると、全体がまた信心であります。行信不離という事を昔から申しますけれど、そういうことではないだろうかと思うのです。

蓮如上人の『お文』をいただいてみましても、五帖目の五通に、

信心獲得すというは、第十八の願をこころうるなり。この願をこころうるというは、南無阿弥陀仏のすがたをこころうるなり。

と教えてくださっていますから、信心をうるということは結局南無阿弥陀仏の姿に頷く。南無阿弥陀仏の姿をこころうるという、そのような私になるというほかには信心をうるということはない。こうはっきり蓮如上人も教えてくださっているわけであります。そうしますと私が申しますことも、あながち見当違いではないと思っているわけです。

それにいたしましても、第二条にことさら「信心の内景」というような妙な題をだしたわけであります。この題をだしました気持は、『歎異抄』というお聖教は何が書かれているのであろうか。こういうことを尋ねてみますと、『歎異抄』というお聖教は不思議なお聖教でありまして、

ほかから何が書かれているのか調べなくても、『歎異抄』自身が、私はこういうことを書くのだということをきちんと書いているお聖教なのです。『歎異抄』の一番最初を見ますと、

先師の口伝の真信に異なることを歎き

とおっしゃっていますから、そういたしますと『歎異抄』は何を書かれているのかというと、十八条全体が、先師親鸞聖人のおおせとしていただいた真実の信心に異なっていくという、そういう異なりを歎くのである。聖人のおおせによっていただいた真実の信心に異なっていくことを歎くのである。その聖人のおおせとして、いただくことの出来た信心を、「如来よりたまわりたる信心」と『歎異抄』ではおっしゃるわけでしょう。そうしますと『歎異抄』というお聖教は「先師の口伝の真信に異なることを歎き」悲しみつつ、如来よりたまわりたる信心に帰っていこうではないかと同朋に語りかけながら、その如来よりたまわりたる信心の世界を明らかにしていこうという、そのことのほかに『歎異抄』の願いはないわけであります。

そういうことを思いますと、その全体が、きりつめた言葉で申しますと「如来よりたまわりたる信心」とは何かということだけを、十八ヶ条で明らかにしているわけでしょう。

『歎異抄』の問答

その中に、特に問答という形をとって書かれている条が三ヶ条あります。その三ヶ条の第一は

今回のお話の中心でありますは第二条であります。第二番目は第九条です。そこでは、

念仏もうしそうらえども、踊躍歓喜のこころおろそかにそうろうこと

と、このように唯円房がお尋ねになって、それに対し、

親鸞もこの不審ありつるに、唯円房おなじこころにてありけり。

とお答えになるのですが、私はこれを拝読しますたびに親鸞聖人の肌の暖かさというか、肩をぽんとたたかれたという気がするのです。尋ねる唯円房もおそらく長い間親鸞聖人のおそばにいて、それこそ第二条で踊躍歓喜のこころを得た方であろうと思うのです。こんなすばらしい教えがあったのかと、親鸞聖人に遇ってお思いになったに違いない。そうして親鸞聖人のおんもとについているうちに内から起ってきた問が、「念仏申しそうらえども、踊躍歓喜のこころが起ってまいりません」ということなのですね。ずいぶんびくびくとお尋ねになったのだと思います。

ところが親鸞聖人は小さくなって出て来たお弟子の肩をたたくようにして、あるいは手をとるようにして、

「親鸞もこの不審があった。よく聞いてくださった。もし聞いてくださらなかったら、ひょっとすると親鸞もこの不審を持ちながら尋ねるという御縁をいただくことが出来なかったかもしれませんなあ」

という程のお気持ではなかったかと思うのです。だから、

いに、

「よくよく案じみれば……」

とおっしゃって、その質問、不審を唯円と一緒に尋ねていくわけであります。尋ねていって、つ
「他力の悲願は、かくのごときのわれらがためなりけり」

と気がついてみると、よろこぶべきことをおさえて、喜べない煩悩の身であることが、かえって往生一定の証《あかし》になっているのではないか。こういうふうに第九条は問答で書かれておりますね。

もう一つは第十三条です。いわゆる宿業というお言葉を親鸞聖人が明らかにしようとして、これはまた親鸞聖人がずいぶん思い切ったことをおっしゃった一条ですね。私は時々思うのですが、親鸞聖人はずいぶんおもいきったことをおっしゃる。別に人を驚かそうと思われてなさるわけではないのでしょうが、心に浮んだことをはっきりとお口に出すことの出来るお方であったと思うのです。『歎異抄』の中でそれを強く思いますのは第十三条ですね。

宿業という言葉は今日でも私達にわかったようでわからないというのが正直なところではないでしょうか。説明の方はよくわかるが身体の方が納得いかないというのが宿業ではないでしょうか。そのわかったようでわからないということが宿業という問題の性格といいますか、本音なのだと思うのです。ああわかったという形ではなくて、わかったようでわからない。納得がいきそうで納得がいかない。こういうふうにしか領解が出来ない、領解出来ないところに、宿業という

言葉で親鸞聖人が教えてくださる人間の本音があるように思います。そういうことがありますものですから、親鸞聖人が宿業ということを知らせるために「殺人」という問題を持ちだしたのですね。

　ひとを千人ころしてんや、しからば往生は一定すべし。

とおっしゃった。

　多くの御高僧方がおいでになりますけれども、仏法の道理を知らせるのに人殺しということを譬えにお出しになった方はほかにないのではないでしょうか。仏さまは、人間ならば五戒を保てとおっしゃいますが、その第一は不殺生でありますから、生きものを殺すなということです。しかし親鸞聖人の御存命中のあの時代は、戦乱をぬうようにして生きているのでありますから、人殺しということが常套のこと、普通の出来事になってしまっている。そういう事実の中で、「ひとを千人ころしてんや」というような、あんな大胆なことをおっしゃったわけでしょう。そして、

　わがこころのよくて、ころさぬにはあらず。また害せじとおもうとも、百人千人をころすこともあるべし。

それが人間だ。そこにはこんなことをいうと危険思想だ、こんなことをいうと危ないぞと。そういうような計いをはらって、人間とは何だろうか。私とは何だろうかという正体を徹底して明らかにしてくださる。それが十三条だと思いますね。

そういたしますと、第二条と第九条と第十三条という三ヶ条は深い係わりを持っています。しかもそれが問と答えという形をとってあらわされているのは、ただ偶然そうなったのではないと思うのです。やはりそこには『歎異抄』が、

故親鸞聖人御物語の趣き、耳の底に留まるところいささかこれをしるす。

と、序にお書きになっているのですから、「耳の底にとどまる」というのでありますから、親鸞聖人の教えを聞いた唯円大徳が生活の中で、親鸞聖人というお方は亡くなっていかれましたけれども、生きている遺弟唯円が生活の中で親鸞聖人のおおせと対話を交しながら、こんな問題がおこってきましたがどうでしょうとお尋ねになると、親鸞聖人の生の声は遠くへだたっても、心の中に焼きついたいのちとともに歩いてくださる親鸞聖人のお言葉がお答えを出してくださる。そういう問いと答えが、耳の底にとどまる故親鸞聖人のおおせなのだと思うのです。だから唯円大徳のいのちと一緒に会話をかわしながら歩いてきたお言葉が『歎異抄』のお言葉だと思います。そういう対話をかわしながら歩いてきたということが形にまでなっているのが、あの三つの問いと答えという姿をとった、問答という形をとった文章だと思うのです。

そういたしますと、この三つの文章は深い関係を持っておりまして、『歎異抄』のいのちでありますす「如来よりたまわりたる信心」とはこのようなものであるということが、この第二条と第九条と第十三条とで特に明らかにされていると、このようにいただくことが出来るように思うの

であります。

生活を包む信心

余談のようですが、さき程申しましたように第十三条の宿業はわかったようでわからないと申しましたが、それは、「如来よりたまわりたる信心」によってしかわからないことだからなのです。私の知能、私の力、私の能力でわかろうとすれば、一番遠くなっていくものが宿業と教えられた我身の事実なのですね。ですから第十三条は宿業についての話であって信心の問題ではないのではないかというようなこともあるようですが、そうではなくて、あれこそが信心の中味なのではないかと思うのです。そういうことで問答体で書かれてある三つの条は、三つとも「如来よりたまわりたる信心」を明らかにしている。そして、「如来よりたまわりたる信心」とはいったいどのようなものですかとお尋ねして、その信心の内側を実際割って開いてみせると、第二条になるのだと思います。

詮ずるところ、愚身の信心におきてはかくのごとし。このうえは、念仏をとりて信じたてまつらんとも、またすてんとも、面々の御《おん》はからいなりと云々。

とおっしゃっております。しょせん親鸞、私の（愚身の）信心は「かくのごとし」で、これ以外にはないとおっしゃっているのですから。そういう意味で信心と申しましてもいろいろ疑問が出るわけでしょう。そういう疑問に対して親鸞聖人が愚身の信心はこれだと開いて、すみずみまで見せてくださったのが、この第二条だと思うわけです。

そういう意味で「信心の内景」というような題を出したわけです。それにしたがって申しますと、第九条は「信心の内観」という言葉を使います。内観という言葉は曾我先生がよくお使いになった「内観の法蔵」というあの内観です。

信心というものはけっして裸ではなく、生活とともにあるものなのですね。私達は信心と申しますと、どうしても気持の中に、人間の心の一つとして、人間が日暮らしをしていく心の一つとして、信心という心があるようにフッと思います。例えば経済のことにかかわる心、子供のことを思う心、そういう色々な心がおこる。そういうものの一つとして信心があると、フッと思いそうになるのですが、そういうことではなくて、親鸞聖人が顕らかにしてくださろうとしている信心、『歎異抄』でわざわざ如来よりたまわりたるといっている信心は、そういう人間が生活をしていく心の一部分ではなくて、人間の生活の底にある心である。その心によって人間の生活が成り立つ。もっとはっきりした言葉でいうと、その心だけが、人間を人間以外のものにしないような心。それが私は信心ということだと思うのです。そうしますと、信心は生活の心の根っこですから、だからして生活をひらき、生活と共に歩み、生活を包みきる。それが信心だと思います。

清沢満之先生も、

我、他力の救済を念ずるときは、我が世に処するの道開けとおっしゃっておりますね。私がこの世に処していく処世。生きていくこと。この世に生きていく道がひらくという事実がなければ、やはり信心というのは人間の特殊な心になるのではないでしょうか。

信心というのは私の生活をひらき、私の生活と共に歩き、私の生活を包みとっていくような心である。こういうふうに申しますならば、第九条は、その信心が生活から離れそうになっていく時にでてくる不安でしょう。念仏をしても喜べないというのはそういうことでしょう。それを一緒に尋ねていって、ついに生活と共にあるく信心を明らかにしていったのが、第九条である。だから内観という言葉を使うのです。

三世の出会い

話が横にそれますが、かつて学園闘争のとき学生がはげしく追求したのですが、私はたまたま大学におりまして、学生さんにつるし上げをくう方だったわけで、さかんに追求を受けていました。その時妙なことに感心をさせられました。追求されながら私は妙なところで感心する人間でして、いじめられていながらいじめられている気がしなかったのですよ。ああすばらしい言葉を若い人は使うものだなあ。若い人は感覚がこんなにすばらしいのかなあと思ったのです。その時学生さんがよく使った言葉ですが、「学者に先だって人間であれ」と私達にせまりました。一言もありませんです。真宗学を教えるに先だって、真宗学徒であれ、仏教学を教えるものが、もっとも非仏教的である。真宗学を教えるものがもっとも非真宗的である。真宗学者に先だって人間であれ、とこういうふうに学生がいいました。本当にそのとおりだと思いました。一言の弁解もなかったのです。その時に、そういう真宗学を語りながら、中はもとっも非真宗的であるということを空洞化と学生はいいました。ちょうど立木は大きな顔をしているが、中はくさって何もなくなっている。空洞化である。内実がないともいいましたですね。

まさに「如来よりたまわりたる信心」の内実は何かというと宿業なのですね。人間の理智の目から見れば承知の出来ないものが宿業なのです。私はどうして、こういう身体で、こういう身でおらなくてはならないのか。私の目から見れば承知が出来ないのです。しかし「如来よりたまわりたる信心」の智慧によってみれば、それこそまごうかたなくいただいた私のいのちなのですね。内実とはそういうことなのです。そのようなことで私は、「信心の内景」、「信心の内観」、「信心の内実」と、こう三つの問答体の『歎異抄』のお言葉をいただいていくわけなのです。

「如来よりたまわりたる信心」の内景はいったい何か。一言で申しますと、教えとの出会いというほかには信心の内景はないのでしょう。それで第二条はいろいろなことが書いてありますけれども、親鸞聖人はただ一つ、教えとの出会いということをおっしゃっておいでになるわけです。

世間でも親子は一世、夫婦は二世、師弟は三世と申しますね。三世の縁と申しますが、常識的に考えれば、親子の方が重くて、夫婦は他人が一緒になったのだから縁が薄いだろう。師弟というものはもっと薄いだろう、と思うのでありますが、そうではなくて、やはり親子は一世なのでしょう。たまたま親と子となった。これは血のつながりなのでしょうけれど、それ以上にはでない。ところが、夫婦は親子とは違って不思議ですね。どれだけの男とどれだけの女がいるかわからない中で、二人が一つの生活をするのですから、どうしてこうなったのだろうということになるとわからない。この世だけしか知ることの出来ない頭でいくら考えましても、お前と私はどうして夫婦になったのだろうと一日考えてもわからないことですね。やはり二世という言葉が出会いの不思議を語りますね。不思議だなあということでしょう。それにもまして私の行く道が明らかになるような教えを聞くことが出来たということは、これはもう本当に希有なことですね。夫婦は夫婦でいきますけれども、ただ夫婦であるだけでは人間になれないのでして、やはり夫婦生活を営みながら、それが人である、人間であるという私を、まっとうしていく道を教えてくださるその方に遇えた。これが一番不思議なのではないでしょうか。このまま一生を終っても誰に文句のいいようもないし仕方がない。あるいは仕方がないとさえ気づかずに終ってしまうでしょう。しかしそれが、たまたまここに道があるぞと教えていただけたということは、それこそ三世の御縁がなくては、曠劫多生の御縁がなくては、あたえられないことではないかと思います。そうい

う意味で親鸞聖人も、

　曠劫多生のあいだにも
　出離の強縁しらざりき
　本師源空いまさずは
　このたびむなしくすぎなまし

と讃《うた》っておいでになります。気づいてみたら、法然上人に遇うた我身を振り返ってみたら、もし遇えなかったならば、この世に生まれて来たのは何であったか、一生わからないままに終ったであろう。そういう愚かな自分であった。そういう自分が法然上人にお遇いすることが出来たことによって、空しく終らないという道が与えられた。それこそ「遠く宿縁を喜べ」ということですね。親子は一世、夫婦は二世、師弟は三世、本当に三世の御縁ということでしょうか。そういう出会い。それが信心の内景だと思います。

唯　信

金子大榮先生のお言葉で、いつも心に浮んでくる言葉があります。

　宗教とは生涯をたくして悔ゆることのないただ一句のことばとの出会いである。

というお言葉です。宗教とは何か。いろいろな定義がありますけれども、宗教とは、自分の生涯をそれにたくして後悔のないといえるようなただ一言に遇うということである。その一言を聞けば私の一生はどういう生き様をしても後悔がない。宗教とは、生涯をたくして悔ゆることのないただ一句のことばとの出会いだと金子先生が教えてくださいましたけれど、本当にそれが宗教というものではないでしょうか。

そういたしますと、ただ一句のことばとの出会いに自分の生涯を託して後悔がないといえる心を唯信、唯《ただ》信ずるとおっしゃるわけでしょう。第二条の中で、

ただ念仏して、弥陀にたすけられまいらすべしと、よきひとのおおせをかぶりて、信ずるほかに別の子細なきなり。

とおっしゃっておりますが、問題はあの「ただ」という言葉ですね。念仏して弥陀にたすけられまいらすべしということが、本当に生きるか死ぬかは「ただ」が成就するかしないかによって決まるわけです。「ただ」が成就しなければ人間はかならず条件をつけるにきまっている。それが人間の根性です。念仏して助かるということが、もし「ただ」という、その「ただ」が成就しないならば、かならず条件にするか条件をつけるか、どちらかしかない。その「ただ」の成就、それが、唯信ですね。

唯信ということを思いますと、やはり親鸞聖人は先輩の聖覚法印の書かれた『唯信鈔』の唯信という言葉を御解釈になって、

「唯」は、ただこのことひとつという。ふたつならぶことをきらうことばなり。

唯というのは、ただというのはただこのこと一つである。二つならぶことをきらう言葉であるというのですね。こういわれてみますと、私達のものの考え方というのはいつも二つ並ぶわけですね。ただ人と人との関係、ものと人との関係というのではなく、宗教においても二つならべる。阿弥陀さまと私という具合にね。唯とはこのこと一つということである。二つ並ぶことをきらうのである。もう一つ御解釈がついておりまして、

「唯」は、ひとりというこころなり。「信」は、うたがいなきこころなり。すなわちこれ真実の信心なり。

ということをいっていますね。そうしますと、聖人は「唯」という言葉の中に、このこと一つという意味と、ひとりという意味とを見つけておられます。

「唯」、ふたつ並ぶことをきらうのですから、この一句に出会えばもう充分だ。この一句に出会うならば、生涯をその一句に託していくという心ですから、その「唯」とはただこのこと一つ、ふたつ並ぶことをきらうということである。それを言葉をかえて申すなら、偏《ひとえ》に依る、帰依・帰命のこころですね。ところが帰依・帰命のこころは親鸞聖人が、「よりたのみ、よりかかる」、といわれるように、それにまかしきるということなのですけれども、まかしきるということは、ただ依頼していくことではなくして、私が一人立ちをすることである。ひとりということである。

めんどうな言葉でいうと、偏依と独尊というのですが、本当によりかかり、よりたのむということ全体が、独立の出来る道である。こういうことを「唯」という一字があらわしている。

「『信』はうたがいなきこころなり」とおっしゃっていますが、信心とは疑わないことだと私達は申しますけれど、親鸞聖人はそうおっしゃらないですね。疑わないことではなくして疑う心のないことであるとおっしゃるのですね。よく地方に行きますと、お話を長く聞いておられる方のなかに、「私は先生がどうおっしゃっても、私はこのように聞いてきたのだから絶対に動きませんよ」とおっしゃる方があるのですが、私はそれを聞くと本人が動きませんよとおっしゃるのですから何も言うことはありませんが、「誰が何といおうと、私は信じているのですから」とおっしゃるのを聞くと、それは疑うこころがなきなりではなくして、疑わないぞと力んでいるだけなのですね。力んでいるということは疑っていることなのではないでしょうか。力まなくてはならないということは、疑っている心が疑わないぞといっているのではないでしょうか。親鸞聖人のおっしゃるのはそうではなくて、「信」とは疑う心なきなり。疑蓋無雑、疑うこころなきなり。疑うこころなき信は、私をそのこと一つに託しきって後悔がないという心である。同時に私は私以外の何ものにもなる必要がない。私は私で充分であり、私は私の業を尽し切っていけるのだ。ひとりという、そういうふうに親鸞聖人は教えてくださっている。そのことが如来よりたまわりたる信心の内景ということでしょう。

教えられる問い

ところで、この第二条を拝読して、二つの大事なことが思われてならないのです。その一つは、第二条では、質問の方も、答えの方も全部教えの中にあるということです。第二条を問いと答えというふうにいいましたが、お読みになればわかりますように第二条の問いはかくれてしまっているのですね。さきにいろいろな質問があったと思うのですが、それは示されなくて、はじめから親鸞聖人のお言葉になっています。

おのおの十余か国のさかいをこえて、身命をかえりみずして、たずねきたらしめたまう御こころざし、ひとえに往生極楽のみちをといきかんがためなり。

こうおっしゃっていますから、質問まで教えの中にあるわけです。これが私は第二条をつらぬく大事な一点だと思います。問いも答えも全部教えの中にあるというのが第二条です。

だいたい私達は答えばっかり欲しがるくせがございます。私などはとくに数学がにが手ですが、何故かと申しますと、計算するのがめんどうなのですね。問題を解いて答を出すのですが、答えの方は知りたいが、めんどうな計算がきらい、だから数学がいつもきらいだったのですが、いつでも答えを知りたい、答えを知りたいという意識が働くのですね。ところが本当に知らなくてはならなかったこと、本当に明らかにしてもらわなくてはならないことは問いなのですね。何を尋ねるかということがはっきりすれば、答えは自《おのずか》らにひらかれてくるのですね。特に宗教、信仰の問題ということになりますと、やはり何を問うのかということが明らかでありませんと、過ちを犯すということになると思います。

そういうことの一番はっきり示されているのが、『観無量寿経』だと思います。『観無量寿経』の中で韋提希夫人が、御承知の通りの悲劇に遇って、一室に閉じ込められた。霊鷲山《りょうじゅせん》におられたお釈迦さまが、その霊山法華の会座を没して、王宮へおでましになった。不請の法を説くということがございますが、請われずしてお釈迦さまがおでましになった。そのお釈迦さまを目の前にした時に韋提希夫人がいうた言葉は、

「我宿何《むかし》の罪あってかこの悪子を生めるや」

という言葉ですね。経典の中には、

自ら瓔珞を絶ち、身を挙げて地に投ぐ。号泣して仏に向かいて白《もう》して言《もう》さく、「世尊、我、宿何《むかし》の罪ありてか、この悪子を生ずる。

自分の身につけていた飾りものを絶ち切って、大地に身体をたたきつけるようにして、大声で泣き叫んで、狂乱の姿で、「我、宿、何の罪ありてか、この悪子を生ずる」というた、と、こう書いてあります。

ところが『観無量寿経』の御解釈に力を注がれました善導大師が、あのお言葉を御解釈になりまして、あれは半狂乱でいった言葉ではない、とおっしゃっておいでになるのですよ。このよう

におっしゃっています。

ややしばらくして、少しく惺《さ》めて始めて身の威儀を正しくして、合掌して仏に白す。といっています。お経さんの方では半狂乱になって泣いて、「私は何の罪があってこんな子供を生まなければならないのか」といったとあります。ところがそれを善導大師は御解釈になるとき、あれは半狂乱で、異常な状態でいったのではないのだ。姿は異常な姿をとり日常のすました人間ではなくて、飾物をひきちぎった半狂乱の姿をとっているが、どちらが人間の本物の姿かというと取りすました方がにせものではないかとおっしゃるのです。その取りすましているところにはいろいろなものが隠れているのではないか。その最後の瓔珞をひきちぎって、大地に身を投げた時、姿は世間の目からみると、あれは半狂乱になったと思うかもしれないが、そこに人間の一番の本音がでているというお気持ですかね。だから、ややしばらくして少しく惺《さ》めて、身の威儀を正して合掌して仏に白《もう》すのだという。それはおそらく韋提希がそんな様子をしたというわけではないのでしょう。そういう半狂乱の中で言っていること全体が、人間の本音からみると、威儀を正し、合掌して尋ねるようなことを尋ねている。

身の威儀を正して合掌して仏に白《もう》すことを明す。我一生よりこのかた、未だかつてこの大罪を造らず。いぶかし、宿業の因縁何の殃咎《おうく》ありてか、この児と共に母子たると。

こう尋ねたのであると、おっしゃっていますね。

「いぶかし」といっている。だから身の威儀を正し合掌して、そして仏さまに、私は一生懸命考えてみたけれども、自分の目で見ることの出来る、自分の心で量ることの出来る一生の中では大罪をおかした覚えはありません。それであるのに、どうしてもわからないことがいま起っております。それは、私を苦しめるようなこの子と私とが、母と子という関係で、いまここに生きていかなければならないということが「いぶかし」、わかりません、といっている。そう質問したのだと善導大師がおっしゃっております。ということは、『観無量寿経』ではお釈迦さまに遇った時、仏に遇った時はじめて、人間の問うべき問いが教えられたというわけです。このこと、あのことという質問は全部消えて、問わなくてはならないことは一つ。ただ一つ。何かというと「私はなぜここに、なぜこういう境遇に、なぜこういう姿で、なぜこういう不幸を背負って、生きていなくてはならないのですか。今、現に生きている私はなぜこうでなくてならないのでしょうか」と、こう尋ねるのが仏法への質問なのでしょう。仏さんへの質問なのでしょう。これは家庭裁判所へ尋ねていっても、カウンセラーのところへ尋ねていっても、答えがでてこないような質問ではありませんか。「私はどうして、こんな人間なのでしょうか。こんな姿をしているのでしょうか」ということは、それこそ仏に尋ねる問いなのです。実はその問いまで『歎異抄』第二条では、教えてくださっているということが大事な問題なのですね。問いと答えが教えられているということです。

第二条の感情

もう一つは『歎異抄』の第二条をつらぬく感情でございますけれども、この感情をやはり大事に受けとめませんと、この第二条がわからなくなると思います。『歎異抄』を御解釈になるいろいろな方のものを読んでいますと、よく第二条は非常に厳しい条だとおっしゃいます。確かに厳しいのですが、その厳しいとおっしゃる時の厳しさは、代表的な御説を借りて申しますと、

「親鸞聖人の御言葉としてはめずらしくこの第二条は、激昂しておいでになるような様子がうかがわれる。もしいうならば禅家（禅のお師匠さま）たちが、お弟子を叱る、あんな気配さえ第二条にはうかがわれる。何かはげしい、激昂したようなお姿が、親鸞聖人のお書きになったものの中には他に見られないようなはげしさがある」

と、そういうふうに領解しておいでになる先生がおいでになるわけです。

私はどうも長い間、そうかいなあと思いながら、納得がいかなかったのですけれど、ある時、曽我量深先生がお話になったとき、お言葉の中で「『歎異抄』というのは読み方が大事なのだ」こういうことをおっしゃいました。だから世の中の人が第二条を、親鸞聖人が怒って言ってらっしゃるように読むのは読み方が間違っているのである。なぜかというと、例えば最初の文章の、

おのおの十余か国のさかいをこえて、身命をかえりみずして、たずねきたらしめたまう御こころざし、ひとえに往生極楽のみちをといきかんがためなり。

を強く読むと怒ったことになる。ところがゆるやかに読むと、そこには暖かい心が伝わってくる。読み方によって心がわからなくなる。ましてや一番最後のところの、

詮ずるところ、愚身の信心におきてはかくのごとし。このうえは、念仏をとりて信じたてまつらんとも、またすてんとも、面々の御はからいなりと云々。

を強く読むと、

「おまえ達は何を聞いてきたのか、私の信ずるところはこれだけだ、いやなら出て行け」

とおっしゃっているようになる。そうではなく、

「詮ずるところ、愚身の信心におきてはかくのごとし……」

と正直に御自身を告白なさって、

「このうえは、念仏をとりて信じたてまつらんとも、またすてんとも、それはあなたがたお一人お一人できめていただくほかに道はございません」

とおっしゃっている。これは激昂しているのではなくて、一番平静な心で、今までにない程、平静な心で御自分を見つめる御縁をいただいたお言葉だと、こういうふうに曾我先生が教えてくださった時に、私はうれしかったですね。なる程このように読まなくてはならないのだなあと思いました。

結局私はこういう教えを聞いてから後に、怒れるはずがないなあと思いだしたのですよ。親鸞

聖人が関東からやって来たお弟子を叱れるはずがないと思うようになりました。なぜかと申しますと、命がけで関東からやって来たのですから、やはりやって来させるような何かがあったのでしょう。その一つはよくいわれるように日蓮上人の「立教開宗」のことがあるといわれますね。ちょうど親鸞聖人の八十一歳の時であります。建長五年四月二十八日ですね。日蓮上人は故郷の房州の小湊《こみなと》の清澄山という山の頂で、朝海にあがる太陽をみつめている時に、忽然として南無妙法蓮華経とお題目を感得したわけです。その時をもって、今まで是聖房蓮長と名のっていた名を改めて日蓮と名のりなおした。それが三十一歳です。それから御承知の辻説法をはじめられまして、有名な「念仏無間禅天魔」というような、はげしい御説法がはじまるわけでしょう。そういうことが背景にあったとしますと、念仏は無間地獄への種だと、こういわれている教えで惑うたわけですね。そしてやってこられたのだろうということは、

念仏は、まことに浄土に生まるるたねにてやはんべるらん。また、地獄におつべき業にてやはんべるらん。

というお言葉を見ますと、確かにそういうこともあるのかと思われます。

もう一つ私はそのことよりももっと身近に思われますのは、慈信房善鸞さまの出来事だと思います。このことについては親鸞聖人のお手紙に繰り返し繰り返し、悲しみのお言葉があります。善鸞の言葉によって惑うたりする人々に対して、いましめたり、悲しみの心をこめて、お手紙や

ら、お聖教を書き送っておいでになります。そして親鸞聖人の八十四歳の時、とうとう義絶状をお書きになるわけです。その義絶状にはこうなっていますね。

いまは、おやということあるべからず、ことおもうことおもいきりたり。三宝・神明にもうしきりおわりぬ。かなしきことなり。

こうおっしゃっていらっしゃいますね。今は親ということあるべからず。子と思うこと思いきりたり。三宝神明にもうしきりおわんぬ。悲しきことなり。今まで数えきれぬほどの人を教化なさってきた八十四歳の親鸞聖人が、どうにもならぬ我子一人を目の前に見た。我子一人をどうすることも出来ぬ自分を見た。人々に仏法を説いてきたけれども、我が子一人さえどうにもならない自分でなかったのか。しかもどうにもならない我が子を八十四歳の時に勘当しなくてはならない。勘当の手紙を自分で書かなくてはならない。親ということも思いきった。子ということもなくなった。悲しきことなりとおっしゃっていますね。義絶状と同じ日付けで関東の御同行の代表であります性信房という方にお手紙をだして、

自今已後は、慈信におきては、子の儀おもいりきてそうろうなり。……このふみを人々にもみせさせたまうべし。

と書いておられます。これから後は慈信房のことは子供であるという儀思い切ったと、こうおっしゃっていますね。その手紙を人々にお見せくださいということは、慈信房善鸞と私とは親子で

ないという披露状ですね。善鸞が何をいおうと私とかかわりのないことである。こうお書きになっているのが八十四歳の時のことです。

その翌年の八十五歳、「康元二歳丁巳《ひのとのみ》二月九日夜寅の時夢に告げて云く」というて、

弥陀の本願信ずべし
本願信ずるひとはみな
摂取不捨の利益にて
無上覚をばさとるなり

この御和讃をお書きになって、その横に、

この和讃を夢におおせをこおむりて、嬉しさに書きつけまいらせたるなり。

というお言葉を添えておられます。子供一人どうにもならない自分ではないかという、その悲しみのどん底の中で正像末の御和讃を書いておられたのでしょうが、忽《こつ》然として、そのままで信ぜよ、という道が改めてひらけたのでしょう。その子供一人をどうにもならないという自分そのままで、弥陀の本願信ずべし、本願信ずるひとはみな、摂取不捨の利益の故に、みな仏となる身となるのだ、という和讃になるようなことを夢の中で気づいた。その嬉しさのあまり、これを書きつけた。何かそこには深い感動がありますね。

そういう慈信房善鸞の事柄がございます。とすると関東から文字通りいのちがけで京都までや

ってこなくてはならなかった人を作ったのはいったい誰なのか。二十年も関東で自分は念仏の教えを語って来たのだけれど、それにもかかわらず、慈信房善鸞を中心としてその信仰が動いていく。そしてそれこそ途中で死ぬかもしれぬ旅を、京都まで惑いを晴らそうとやってくる。そういう人を作ったのはほかならぬ親鸞ではないかと。当時は新幹線があるわけではないので、それこそ京都へ着いた御同行は痛々しい程疲れていたに違いない。その疲れた中を必死に聞こうとしている姿を、じっと見つめながら耳を澄まして聞きながらおられる親鸞聖人を思うのです。そうすると叱るどころではないのでしょう。叱るどころではなくして、むしろそうして尋ねてくださった、迷ったお弟子の姿を通して、はじめて、改めて私の信心の中味を確かめる御縁をいただいた、とでもいいたいような二重の痛みがあると私は思います。二重の痛みがあればこそ、親鸞聖人は我が身の信心というものをあますところなく、確かめ、確かめ、愚身の信心を語りだしていかれるのが第二条だと思うのです。

この感情が抜けますと、第二条が読めなくなるのではないかと思うのです。

第二条の厳しさ

最初のところで問いまで教えられたと申しましたが、

おのおの十余か国のさかいをこえて、身命をかえりみずして、たずねきたらしめたまう御こころざし、ひとえに往生極楽のみちをといきかんがためなり。

こうおっしゃっておられます。ちょっと読むと何でもないことのようですが、よく読みますと妙な文章ですね。

「おのおの十余か国のさかいをこえて、身命をかえりみずして、たずねてきてくださった、その本心は、ひとえに往生極楽の道を問い聞かんがためなり」

とおっしゃっている。親鸞聖人は「あなた方が、ここにいらっしゃったのは、余の儀ではなく、往生極楽のみちを問い聞かんがためなり」、ためでありましょうねというのではなくして、ためなりとおっしゃっている。逆に申しますと、人がいのちをかけて尋ねなければならない質問は、ひとえに往生極楽のみちを問うというほかにはないのだ、という問いそのものをここで明らかにしていらっしゃるのですね。

だいたいここへやって来られたお弟子さんがたは、関東でどういうことがあったのか知りませんが、とにかくいろいろな縁に会って、親鸞聖人のもとにいた頃には何とか聖人のところへ尋ねて行けたのでしょうけれども、親鸞聖人が関東を去ってしまってからは、そういう惑いをどうしてみようもなかったに違いないのですね。その時いつも念頭に出てくるのは、生身の親鸞聖人だったのだろうと思います。だから親鸞聖人に会いたい。会って尋ねたいということがあったのでしょう。

ところがそこに一つ大事な問題があるわけでしょう。求道という装いを持ちながら、自分の心の中に案外日常的な関心と同じものがあるということですね。道を求めております。一生懸命、いのちがけで道を尋ねているのですといっている心の中に、あにはからんや、実は日常生活と何も変らない日常的な関心が、ひそんでいるということがある。それが惑うのですね。ああいわれた、こういわれたといって惑うというのは、やはり惑うような心であるからですね。惑うというのは、やはり惑うような心であるからですね。惑う心は何かというと信仰、宗教という装いをとった日常的関心だといわなくてはならない。日常的関心で宗教、信仰、求道ということに私達がかかわっておりますと、ついつい人にしがみつくということになるのではないか。これが求道の一番の問題だと思います。

確かに人に遇わなければ教えに遇うことは出来ない。しかし人に遇うことによって、人に執着すれば今度は教えを私のふところの中に入れてしまうことになる。教えの私有化ですね。人に遇わなくては法に遇えないけれども法に遇ったものは人に執着しないわけです。ただその人は法を私に教えてくださった方として、如来として仰ぎますが、その人の言葉でなければといって執着するということは教えを懐に入れたことになる。師匠を私のものにしたことです。もっと極端にいえば私好みの師匠をこしらえようということです。私ごのみの師匠に変えて行くことです。これが惑う心なのです。これを親鸞聖人は見抜いたわけです。二重の痛みを持って叱る気持はないのですが、それを見抜いた時、親鸞という人間を慕って来てくれた心を喜んで受け止めるだけでいるならば、この人達と私の関係は単なる人と人との日常の関係であって仏法の関係ではないのだということです。言葉のうしろに人を見るというのでしょうか。

時々冗談をいうのですが、どのような言葉でもいい言葉がふと語られますと、それを聞いていい言葉だなあ、いったい誰がいったのだろうと聞きますね。そして、それは親鸞聖人のお言葉であるとわかると、ああさすがだなあということになります。ところがいい言葉だなあ、誰がいったのだ。八百屋のおじさんが言ったのだよ。なんだああそうか。ということになります。しかし聖人のお言葉でも、八百屋のおじさんでもいい言葉はいい言葉なのでしょう。いい言葉を聞いて感動しながら、その背後に人を見るものですから感動が変ってしまう。親鸞聖人の言葉は有難いけれど、庶民の言葉は同じ真理を語っていても響かない。私好みの師匠を作っているわけですね。そういうことに対して親鸞聖人は、「あなた方関東からいのちをかけて来てくださったけれども、尋ねたいことはいろいろあるかもしれないが、本当に尋ねたいことは一つしかないはずだ。それはあなたの往生極楽の道を顕らかにするということのほかにはないはずだ」と相手の問うべきことをはっきりと言ったのですね。

この言葉を聞いた唯円は自分の中にあった大きな誤りに気づいたのではないでしょうか。後の言葉を聞くに先立って、この言葉を聞いた時に、自分の大きな誤りに気づくと同時に、ここに本当のお師匠さまがあったのだなあと、いわばそれは唯円を廻心させたような言葉だと思います。

それが『歎異抄』第二条の厳しさだと思うのです。『歎異抄』はご承知のとおり、唯円が耳の底に残ったことを著わしているのですから、こう語ったということより、こう聞こえたということです。そうすると、この第二条の厳しさは、親鸞が叱った厳しさではなくて、叱られた方の心に焼きついた厳しさです。親鸞聖人を慕って来たその心は、実は人間の日常心であったのだ。そうではなくて尋ねなくてはならないのはこのこと一つだったのだ。教えられてみて、いのちがけで来ているという思いあがりの中に、本当に尋ねなくてはならないことがわからなかった自分が教えられた。それがこの第二条の厳しさなのですね。だから、

しかるに念仏よりほかに往生のみちをも存知し、また法文等をもしりたるらんと、こころにくくおぼしめしておわしましてはんべらんは、おおきなるあやまりなり。もししからば、南都北嶺にも、ゆゆしき学生たちおおく座せられてそうろうなれば、かのひとにもあいたてまつりて、往生の要よくよくきかるべきなり。

この親鸞聖人は、ただおかど違いだから、比叡山か興福寺に行って聞いてきなさいというのではないと思うのです。ここには惑う人の中に親鸞自身の求道のあゆみを見たのではないでしょうか。親鸞聖人が惑うて法然上人に遇ったあの二十年の惑いの自分というものを、いのちがけでやって来た関東の御同行のうえに見たのだと思います。その時親鸞聖人はあちらへ行って聞いてこい、おかど違いだというのではなくして、南都北嶺にもゆゆしき学生がいらっしゃるのだから、どこ

へでもいって往生の要をよく聞いてきてくださいと、こういう言葉の中には親鸞が何とか出来る問題ではないという親鸞聖人の涙があると思います。私はこの二条を書いた唯円は聖人の涙にふれた人だと思います。ちょうど二条に対応する十二条にまいりますと、そのことがでてまいりまして、唯円自身が他の人にそういうことをおっしゃっている。「学問をむねとするは、聖道門なり」と誤って学問をして、かえって迷ってはならないということを注意しておられます。

本願を信じ、念仏をもうさば仏になる。そのほか、なにの学問かは往生の要なるべきや。まことに、このことわりにまよえらんひとは、いかにもいかにも学問して、本願のむねをしるべきなり。

と唯円が十二条ではいっておりますね。ああ言える唯円を生んだのが、第二条だと思うのです。ですからそこには叱られたというのではなくして、親鸞聖人自身がいのちをかけてまでして惑う、その惑いを親鸞聖人は知っておいでになったのですね。自分の中にその惑いの歩みの苦しさ、惑はなくてはならない悲しさ、それを痛い程知っておられた。その心がいのちがけでやって来た人にふれた時、涙になったのだと思います。その涙の中から尋ねなくてはならないのはこのこと一つですよといわずにはおれない。お世辞や偽りがいえない親鸞聖人の、質問の確かめということが、ここにあると思います。それから聖人は愚身の信心をひらいてお見せになるということになるわけです。

（一九七二・一・三〇）

二

たまわりたる問いと信

先月から『歎異抄』の第二条を中心にお話しておりますが、先月は序説で終始したように思います。『歎異抄』には問答という形を持ってお示しになっておられる条が三ヶ所ある。その三ヶ所は第二条と第九条と第十三条です。この三ヶ条が問いと答えを持ってお示しくださっている条である。この三ヶ条はただたまたまそうなったのではなく、唯円がこの三ヶ条を通して一番大切なことを顕らかにしようとお考えになっていたのではないか。その一番大切なことは『歎異抄』と書名にもありますように異なることを歎く。どういうことに異なることを歎くのかというと、信心の異なることを歎く。その信心とはどういうことなのかというと、『歎異抄』では「如来よりたまわりたる信心」に異なる信心のあり方を歎く。と、こういうふうにおっしゃっておりますから、そういたしますと、三ヶ条はそれぞれ違う形をもって説かれていますけれども、そこに説かれている事柄は文字通り「如来よりたまわりたる信心」そのことを、第二条と第九条と第十三条とで顕らかにしてくださっているのだ。こういうふうにお話をしたと思います。

その中で一番私達にわかったようでわからないのは、おそらく第十三条ではないだろうかと思うのです。宿業という問題であります。宿業がわからないというのは一言でいえばわかろうとする視点が違うからである。それは、「如来よりたまわりたる信心」に依ってわかってくる事柄が宿業ということであって、他の目で見ると宿業はわからない方があたりまえなので、宿業をほかの目で見てわかろうとしてもわからないのはあたりまえのことなのだ、ということを第十三条にまいりますと顕らかにしてくださっている。

とくに第二条は問いも答えも両方とも教えの中にある。私はこれが第二条の特徴と申しますか大切な点だと思います。はっきり申しますと問いも答えもと申しますが、問いが教えられる一条である。こういってもいい。本当に尋ねなくてはならないことはこのことではないのですか。こういって十余ヶ国のさかいを越えて、身命をかえりみずに尋ねてきた、その人達に対して、本当に身命をかけて尋ねなくてはならないことというのは、このこと一つしかないのではないかということを、それこそ尋ねなくてはならないことを教えてくださっている。先日は、問いも答えも教えの中にあると申しましたけれど、つきつめると、問いが答えの中にあるということが第二条の一番大切なところであると思います。

何か親鸞聖人が問いと答えを二つだしていらっしゃるようですが、よく耳を澄ましてうかがってみますと、問いそのものを一番はじめから一番終りまではっきりさせてくださっているようです。その問いを明らかにするために親鸞聖人は、我が身の信心の有様を余すところなく顕らかに見せてくださっている。親鸞聖人の信心の姿というものが、すっかり洗いざらい出されているわけです。洗いざらい親鸞聖人の信心の姿が出されている全体が、私達は何を尋ねなくてはならないのか、案外本当には尋ねなくていいことを尋ねているのではなかろうか。こういうことが教えられているように思うわけなのです。

何事につけても尋ねることがわからないのが一番困るので、日常生活でも答えがわからなくて困っているようですが、実際は尋ねることがわからないのです。その中でも特に一生の問題で、何で困っているのかがわからないということが一番困る。いろいろのことで困っているに違いないが何で本当に困っているかわからない。何で困っているかわからないから、困っておりますということが本当に尋ねられないわけです。尋ねているつもりでも納得がいかない。納得がいかないのは返事をした人が悪いように思いますが、尋ねる方が本当の質問をはっきりさせていないからなのでしょう。

韋提希夫人の問い

それで思いだしますのは『観無量寿経』です。韋提希夫人があの悲劇の中であの手を考えたり、この手を考えたり、悲劇を乗り越える方法を探す様子が示されているのが『観無量寿経』の序分のはじめの方のお姿なのですね。瓔珞の中に葡萄のジュースを入れてみたり、あるいは身体にお餅のようなものをくっつけたりして、いろいろ御苦心をなさっているのですが、結局ああいう姿で何をしておられるのかというと、あの手を考え、この手を考え、人間の知恵をしぼりぬいて、何とかこの苦境を乗り越えて行こうと工夫をしぬいておられるのではないでしょうか。そういう意味では、ああいう物語として説かれていますけれど、私達も程度は違いましても同じような工夫をしているのではないでしょうか。あの手、この手を考えながら、何とか人生を乗りきって行こうと工夫しているのですが、ところがその工夫がとうとう通用しなくなった時に、お釈迦さまのおでましがあるわけです。お釈迦さまのおでましを目の前にして韋提希夫人が、身につけていた瓔珞を断ち切って大地に身を投げだして大声で泣き叫んで、「白《もう》して言《もう》さく」といっておりますから、泣き叫ぶ中から、「世尊よ」と呼びかける。「世尊よ」とはじめて瓔珞をはずした姿で呼びかけて、

　我、宿《むかし》何の罪ありてか、この悪子を生ずる。世尊また何等の因縁ましましてか、提婆達多と共に眷属たる。

こうおっしゃるわけですが、あの問いが韋提希夫人が尋ねなくてはならない、ただ一つのことだったのでしょう。

　ところが、それを尋ねたくないのが人間なのです。最後の質問だけには目をむけたくないとい

うのが人間のあり方ではないでしょうか。最後まで瓔珞をつけてものを解決しようとするものですから、これはどうにもならない。ちょうど痒いところを服の上から痒いているようなものですね。ところがとうとうお釈迦さまのお姿を拝見した時、その最後の瓔珞を引きちぎらなくてはならなくなった。引きちぎった途端に自分がこのことだけは無意識のうちに触れたくないと思っていたことが、問いになって飛びだして来た。それが「我、宿何の罪ありてかこの悪子を生ずる」という問いだと思います。一言で申しますと、「お釈迦さま、私はいったいどういうものなのでしょうか」私を救ってくださるというお釈迦さまの教えというものは私には何も通用しませんが、どういうものでしょうか。と、こういうことなのではないのでしょうか。私がわかりません、こういった時に、今までわかっていたつもりの私のところに聞こえていた教えも、また何もわからなくなってしまった。こういう質問です。

尋ねる中味は「私」なのです。「私」についてのなにかでなくて、「私」がわかりません、といった途端、私がわかっていたつもりの、瓔珞をつけていた時の教えもまたわからなくなってしまった。

「お釈迦さまはなぜ提婆達多と従弟であり、お弟子にまでしておられるのか。そういう方の教えが私を救ってくださるという道理もわかりません」

私がわからない、教えがわからない。これがおそらく、韋提希夫人がお釈迦さまに遇うことによって、本当の意味での問いをみつけた姿だと思います。それを出発点としてやがてお浄土を願い、念仏で救われる韋提希夫人が生まれてくるわけですから、親鸞聖人も『観無量寿経』の御和讃の一番最初に、

恩徳広大釈迦如来
韋提夫人に勅してぞ

と、こうおっしゃっておられます。

『観無量寿経』を拝見していますと、韋提希夫人にお浄土を願えと、わざわざお釈迦さまのお口からおっしゃったというところは一ヶ所もないわけです。韋提希夫人自身が自分の悩みを内に内に見つめていく中から、だんだんお浄土を願う人間になっていくわけですけれど、その全体を親鸞聖人は『観無量寿経』の御和讃のいちばん最初に持って来て、「恩徳広大釈迦如来」とおっしゃっておられる。お釈迦さまの恩徳が有難い、なぜありがたいか、というと、韋提希夫人に尋ねるべきことを教えてくださったからありがたい、とおっしゃっているのだろうと思います。そういたしますと『観無量寿経』で申しますならば、はじめて「世尊よ」と呼びかけて、仏さまにしか尋ねることのできない質問であるし、仏さまでないと答えていただけない質問はただ一つ、それが『観無量寿経』であいう姿をとっているのだと思います。

いのちがけの思い

そう思いますと『歎異抄』の第二条の一番最初は、

おのおの十余か国のさかいをこえて、身命をかえりみずして、たずねきたらしめたまう御こころざし、ひとえに往生極楽のみちをといきかんがためなり。

と言いきってあります。ここに、おそらくいろいろな話があったのでありましょうけれど、そのお話の中から文字通り身命をかけて十余ヶ国のさかいを越えてやって来られたお弟子方を目の前にして、親鸞聖人は「あなたがたが身命をかけてここまでお訪ねになって来てくださった本当のお心ざしは、ひとえに往生極楽のみちを問いきかんがためでしょう」とはおっしゃらない。「ためなり」と思い切っておっしゃっている。「あなたの質問はこれです」ということですね。そうではなくてこれですという返事が返ってくるかもしれませんが、親鸞聖人は身命をかけてやっておいでになった、しかし本当に身命をかけて尋ねなくてはならないことは、往生極楽の道をひとえに尋ねること、そのほかには何もないのです。こう親鸞聖人はおっしゃるわけなのです。私はその一言のなかにずいぶん大切なことがあるように思います。

まず気づいたことは「身命をかえりみずして」とおっしゃっているのですから、おそらく親鸞聖人の目の前にお座りになっている方々は、本当に命がけでいろいろな自然の難儀やら、盗賊に遭うという不安やら、病気にかかる苦しみやら、そういうことを経験しながら、関東から京都までやってこられたわけでありますから、おそらく目も異常に輝いていたのではないかと思います。そういう姿をした人びとに対して、親鸞聖人は静かに、「命をかけているという思い」と、「命がけである」ということとは同じではない、とおっしゃったのではないでしょうか。これが非常に大事なことだと思います。命がけだという思いは、命がけだという事実とひょっとすると大変はなれているのかもしれない。このあたりが第二条の張りつめたところである。お話そのものは真剣勝負のような勇ましいことではなく、もっと静かな雰囲気の中でお話があったと思います。しかしお話されている内容は人間が興奮した状態でお話したのでは明らかにならないことが教えられているのです。

求道、聞法ということで、一番むつかしいのはその一点だと思います。本当に日常生活を断ち切ってやってこないと、お話を聞くということも容易なことではないのでしょう。そういう意味では、身命をかえりみずしてとはいえないまでも、それに近づいていくような気持がなければ聞法は出来ない。しかしそのことに囚われるとまた聞法が出来なくなる。これが大変なところであると思うのです。ですから、関東からやって来たその人達を見て、親鸞聖人は嘘がいえない、お世辞がいえない。そこで親鸞聖人は静かなお口ぶりの中から、

「生命をかけて尋ねなくてはならないことは、実は往生極楽の道一つを尋ねる、そのほかのことはない」と言われるのです。

しかし、よくそれぞれをかえりみると命がけだ命がけだと思っている思いの中に、ひとえに尋ねるのではなくて、案外違う心を、お念仏とか信心とかという姿をとって尋ねているということがある。こういう問題が隠れているのですね。関東から京都へやってこられた人々の背景にはいろいろな事件があったのでしょう。日蓮上人のこととか、慈信房善鸞さまの異義であるとかがあったわけです。そういういろいろな縁が起ることによって、親鸞聖人のもとでお話を聞いて念仏に帰していた人に、関東から京都まで足をはこばなくてはならないような不安が起って来た。不安が起るということは、聞いていた心の中に不安が起るような場所があったわけです。それが命がけという姿をとらせたわけです。親鸞聖人はそのような姿の中に、惑いを持ってここまでやって来たお弟子達の姿をじっとみつめながら、惑わなくてはならない心は何なのか、それを教えてくださっているのですね。これが求道ということの落し穴だと思います。

求道の落し穴

その求道の落し穴を第二条では親鸞聖人はどういうふうに教えてくださるかというと、親鸞という人間をたよりにしてあなたがたはやってきたのではないですかという姿をとっているのです。「よき人」の教えを聞いて、それで充分だといえるのが本当の宗教的人間なのではないでしょうか。教えを聞いてそのお仰せのもとに本当に生きることが出来る。金子先生のお言葉に、

「宗教とは生涯を尽しても悔ゆることのない、ただ一句のことばとの出会いである」というお言葉があります。宗教とは何かというと、自分の一生涯をそのことにすべてまかせてしまって後悔がないといえるようなただ一句のお言葉。ただ一句のお言葉と出会うか出会わないかということで、宗教的であるか、宗教的でないかきまってくる。「宗教とは生涯を尽しても悔ゆることのない、ただ一句のことばとの出会いである」私はその言葉を聞いた時、目の前の霧が晴れたような気がしました。宗教とは何だろうといろいろと思ったり、言ったりしていましたけれども、生涯を尽して後悔することのないただ一句のことばに出会うことが宗教である、とすると宗教的生き方は何かというと、そのただ一句の言葉のもとに自分の人生を尽し切っていけるというのが宗教的生き方なのですね。親鸞聖人はただ一言のお言葉に自分を託し切って行けるというのが、本当の往生極楽の一筋道なのだと言われるのでしょう。にもかかわらず生命をかけてお尋ねになっているお心の中には、そのただ一言の後《うしろ》に、言うた人を探している、こういうことではないでしょうか。

私達でも、この先生のお話がいいと思うと次からはこの先生でなくてはということになる。お聞きした時はこの先生の話はありがたいと思うわけです。その次にはこの先生のお話でないということになるし、その次はほかの先生はさっぱり駄目だということになる。偏依一師といいますが、案外その心の根にあるものはファンの意識ですね。ファンの意識というのは危ないのです。

若い人がタレントなんかのファンになって大騒ぎするのはおかしいとお年寄りはおっしゃいますけれども、同じようなことをやっていらっしゃるのではないでしょうか。この人のお話ならというのではなくて、この人が好もしいからお話を聞きに行こうということになりまして、そうなれば聞法というものが、聞法という装いを持って中味が何であるかというと、ファン意識なのですね。それは教えを私することなのです。教えを私するということは、何か師匠を敬っているようですが、本音を洗ってみると、私ごのみの師匠をつくっているということです。自分好みの師匠をつくって、その自分好みの師匠から聞こえてくる自分好みの教えを沢山聞いて自己満足をしている。こういうところに大変な落し穴があるのではないでしょうか。

おそらく文字通り命がけでやってこられた人なればこそ親鸞聖人は、その人々の心の中に深く根をはっているこの落し穴に気づかれた。関東に親鸞がいた頃にはさしてわからなかったけれども、関東を去って京都へ帰ってきてみたら、親鸞という一人の人がいなくなって関東のお同行が惑いだした。なぜ惑うのか。「ただ念仏して」ということの他になにも言ってこなかったはずの関東での二十年であったわけですが、その親鸞が京都へ帰って来たら、なぜに「ただ念仏して」という教えに安んじて生きていけないのか。これは大問題です。命がけでやってこられたお同行を見て、親鸞聖人は決して叱っているのではなく、あるいは恨んでいらっしゃるわけでもなく、ただ悲しんでいらっしゃるわけでしょう。聞法ということは大変なことなのだなあと、悲しみながら、ただ念仏の教え一筋に帰して行けなくて、ただ念仏といってくれたあの人の言葉を聞きたい。もう一ぺん間違いないと保障をしてほしい。そういう心がここまで足を運ばせたのか。こういうところに親鸞聖人のお言葉があるように思います。

私の教え子でいま北海道に居ますが、その青年が大学を卒業して北海道の自坊に帰りますと長い間聞法しておられるお同行がやってきてこういうことをいったそうです。ひとつは京都から帰って来た坊ちゃんを試すつもりもあったようなのですが、そのお同行がいろいろと御領解をのべて、「私は長い間聴聞してきて、このように聞いて、このように信じておりますが、間違いはございませんでしょうか」といったそうです。そうするとその青年が「そんなこと知りませんよ」といったものですから御同行も当がはずれたわけです。「知りませんではすまんでしょう」と切り返したので、「すまんのはあなたでしょう」とまたいった。「このように信じておりますが間違いないでしょうか。ということは、あなたが二十年聞いていたのなら二十年の中で証拠があるでしょう、あなたの心の中まで知りませんよ」という意味を込めて、「そんなこと知りませんよ」といったのですね。

念仏往生への惑い

何十年も聞いて来ても「これでいいのだろうか」という「か」という一言の中に、ちゃんと聞いて来たはずのことを、他人の証明を求めなくては安心出来ない。それは信じている姿ではなくて惑っているわけです。その「か」という一言のために関東から命をかけてやって来なくてはならなかった。その姿を御覧になって、「おのおの十余か国のさかいをこえて、身命をかえりみずして、たずねきたらしめたまう御こころざし、ひとえに往生極楽のみちをといきかんがためなり」、ためであるといい切ってくださった。

親鸞聖人のお手紙を拝見しましても、それを裏づけるようなお言葉があるわけですが、やはり慈信房善鸞さまの事件が起りました頃、このようなお手紙を書いておられます。

信心のさだまらぬひとは、正定聚に住したまわずして、うかれたまいたるひとなり。

とお書きになっておられます。慈信房善鸞さまの言葉によって不安が起って来た人々にお手紙を出して、信心が定まらないという方は正定聚に住し給わなくて心が浮かれておいでになる。大地から浮いてしまっているというのですね。もっときついお手紙があります。

慈信坊がもうすことによりて、ひとびとの日ごろの信のたじろきおうておわしましそうろうも、詮ずるところは、ひとびとの信心のまことならぬことのあらわれてそうろう。よきことにてそうろう。

こうおっしゃっておられます。慈信房のいうことを聞いて、あなたがたは日頃の信心がたじろぎあっているけれども、それは結局のところ慈信房が言ったから信心がぐらついたというのではなくて、もともとあなたがたの信心がまことでなかったという現われなのである。だからかえっていいことだとおっしゃっている。もし慈信房の事件がなかったならば、あなたがたは真実でない信心をまことの信心と思って死んでいくに違いない。まあそこまではおっしゃっていませんが、

ひとびとの信心のまことならぬことのあらわれてそうろう。よきことにてそうろう。

かえって真実《まこと》でないということがあらわになったのだからいいことだ。そこを出発点として真実の信心が明らかにされる道が開かれるのではないか。このような手紙さえあるわけです。

『歎異抄』第二条を拝見していますと、何ともなくいいだしておいでになる第二条の一番最初の一言に、実はこれを聞いた唯円の心の中に五寸釘を打込まれたような、ああ間違っていた、そんな感じさえ動いたのではないかと思われます。そういう意味で本当に命がけで尋ねなくてはならないことは、往生極楽の道をひとえに尋ねなくてはならないので、往生極楽の道を弁明したり、証明したり、そういう弁明や証明を聞くことではないのだ。はっきりした問いがなくてはならないことをはっきりと教えてくださっているといわなくてはならない。そうおっしゃったうえで、たじろいでおられる関東の方々の心を、見抜くようにしておっしゃるのが、

しかるに念仏よりほかに往生のみちをも存知し、また法文等をもしりたるらんと、こころにくくおぼしめしておわしましてはんべらんは、おおきなるあやまりなり。

という一言です。あなたがたがここにいらっしゃったお心の中には、この親鸞が念仏よりほかに

往生の道を知っているのではないか、あるいは法文なども知っているのではないか、奥深い道理があるのではないかと思って、ここまでやって来られたのであればそれは大きな誤りである。こうはっきり指摘しておいでになります。

そこに二度出て来ます、一つは「存知し」、もう一つは「しりたるらん」とこうおっしゃっていますが、知っても助からない。理屈がわかっても助からない。理屈がわかったからかえって助からなくなるのですがね。ただ念仏の教えを聞いておりながら、京都までやってきたのは、念仏という教えのうしろに、内側にはただ念仏で助かるという奥深い、いわれがあるのではないか。それを証拠だてるような教えや法文がある。それを親鸞聖人は知っておいでになるが、私達にはおっしゃらなかったのではないか。それを聞くと私達はこんなに惑わなくていいのかもしれないという惑いがあるわけですね。それに対して、「存知し」「しりたるらん」と思っておいでになったのなら、それは大きな間違いである、とおっしゃる。

知ったからといって往生極楽の道は念仏である。念仏はこれこれこういうわけで往生極楽の道になるのだ、と知ったからといって、その人が往生極楽の人になれるかというとそういうわけにはいかない。その一点に親鸞聖人の目がそそがれて行くわけです。

聖人自身の惑い

このお言葉を拝見していますと次にでてくる親鸞聖人のお言葉が、

もししからば、南都北嶺にも、ゆゆしき学生たちおおく座せられてそうろうなれば、かのひとにもあいたてまつりて、往生の要よくよくきかるべきなり。

とおっしゃっておいでになります。この前も申しましたように、聖人は腹を立てておいでになる。あれ程いってもわからないのか。それでもここまで来たのではもう私の手に負えない。南都北嶺にでもいって聞いてきなさい。こういっておられるという人もいますが、そうではないのです。「念仏よりほかに往生のみちをも存知し、また法文等をもしりたるらん」と、こう思っておいでになるのは大きな間違いだ。しかし間違いだけれども、間違いだというだけでは領けないのが、悲しいかな人間なのです。ものを知ることを特性にしている人間は間違いだと聞いただけで、あそうですかといかないのです。だから「もしそうであるならば南都興福寺を中心としたあの奈良にも、また比叡山にも、お念仏の道を説いてくださる立派な先生方がおおぜいいらっしゃる。その人々のところを訪ねて、存知したいと思う心をいっぺんぶつけていってごらんなさい。知ろうと思う心を尽してごらんなさい。そして、それを通して往生の要をよく聞いて来てください」そこでは親鸞聖人が自分自身の青年の時の二十何年の惑いの姿を見つめておられたのではないかと思います。と同時にそうして惑ってこられた惑いの奥に、生命をかけてまでして惑わなくてはならない人間の求道の心の奥深さをも、親鸞聖人はよく御存知だったのではないかと思うのです。

自分が二十年手さぐりで歩いてきた、惑い抜いた、あの時期を聖人は思い出されたでしょうし、同時にいま目の前に命をかけてやってこられた人達の惑いはただの惑いではない。やはり求道が根にあって惑わなくてはならない惑い、それを御覧になればなるほど、ただ間違いだ、とんでもないではすまないので、その知ろうと思う心を尽して尋ねてごらんになるのがいいでしょう、それによってはっきりと頷かなくてはならないのは往生の要であって、そこのところをよくよく聞いて来てくださいと言われるのでしょう。往生の要とおっしゃる時、親鸞聖人は、知ろうと思う心、存知しようと思う心においてはどうにもならない我が身だと、そこに気づいてきてください。こういう涙があるように思います。

唯円という方はこの涙にふれた方だと、私はこの条でとくに思うのです。『歎異抄』の第十二条を読みますと、唯円のお言葉として同じようなことが出て来ます。ほかの方々の誤ちに対して、唯円は次のようにおっしゃっています。

他力真実のむねをあかせるもろもろの聖教は、本願を信じ、念仏をもうさば仏になる。そのほか、なにの学問かは往生の要なるべきや。

ここに往生の要ということがでてきますが、唯円がこのようにおっしゃれたのは、ちょうどこの第二条の御物語を聞く、その場所に唯円がおいでになって、自分の心の中を見抜くようにして教えてくださった親鸞聖人の教えにふれているからでしょう。ふれているから、また惑える人々に対して、「他力真実のむねをあかせるもろもろの聖教は、本願を信じ、念仏をもうさば仏になる」という、そのほかには何も往生の要はないのだ、とおっしゃったわけです。その次に、

このことわりにまよえらんひとは、いかにもいかにも学問して、本願のむねをしるべきなり。

とはいえ、その理《ことわり》に迷わなくてはならない人は、どのような方法ででも学問して、往生の要はこのこと一つだということを確かめるのがいいのです。こう第十二条で唯円がいっておられるのは、第二条の御物語を通して、本当に親鸞聖人のお教えにふれ、聖人のお教えのうちに感じられてくる包みとるような涙にふれた方なのだ。もっとはっきり申しますと唯円を廻心せしめたお言葉がこのお言葉なのである。そう思いますと、親鸞聖人の悲しみの中に包み取られて唯円は、本当に念仏者になれたのではないであろうかと、このようなことを思います。

親鸞聖人は御自分を見つめながら、惑うてこられた人々の命がけの姿を見つめ、ここまでおっしゃった時、親鸞聖人は自分の信心の姿を改めて、自分で確かめてみなくてはならなくなったのではないでしょうか。

親鸞におきては、ただ念仏して、弥陀にたすけられまいらすべしと、よきひとのおおせをかぶりて、信ずるほかに別の子細なきなり。

こうおっしゃっておられますけれど、曾我先生が言われましたように、『歎異抄』はこちらの読

み方でかわるものでして、はじめから、こちらが興奮して読んでいると、一言、一言が興奮した言葉として聞こえ、親鸞聖人はよほど怒られたのだと思ってしまうのですが、私はそうではないと思います。親鸞聖人が惑うお弟子に教えるというよりも、親鸞自身の信心を一つ一つ確かめて見つめていかれたのではないかと思うのです。

宗教的人間

親鸞聖人は、私はこうだ、あなたがたは駄目だというているのではない。本当に一つ一つ、親鸞におきては、と、こう言った時には、外ならないこの親鸞は有難いことには、確かめてみたら親鸞におきては、ただ念仏して弥陀に助けられまいらすべしと、そういうよき人のおおせをこうむって、信ずるよりほかに別の子細がなかった。こんなお気持ではないでしょうか。ところがそういうお気持をこめたお言葉の中に一点も誤魔化しのない信仰の真髄が現われております。ひっくり返して読むと、「よきひとのおおせをかぶりて、信ずるほかに別の子細なき」親鸞がここに生まれることが出来た。そこに、ただ一句の言葉に出会うことによって生涯を尽して悔ゆることのないという宗教的人間になれた喜びと、宗教的人間になれた本当の頷きとがあるわけでしょう。ですから親鸞聖人がわざわざこのような表現でおっしゃったのでありましょう「よきひと」。法然上人とはおっしゃらなかった。親鸞聖人は自分の信心を確かめる時「よきひとのおおせをかぶりて」と言われて、法然という名を持った人格によって信心を確かめようとか確かめたいという必要のない自分を見つけたのですね。

よきひとのおっしゃることを信ずる以外に何も弁証してもらう必要もなければ弁解する必要もない。そういう、ほかならない親鸞がここに生まれることになった。宗教、信心といいますのは、法然上人は偏依《へんね》善導一師とおっしゃいますし、親鸞もこのお言葉に耳を澄ましますと、偏依法然一師という感じがします。偏依一師という意味は偏《ひと》えに依ることです。偏えに依るのですけれど、偏《ひと》えに依ることの出来た人は独立しているのです。依るというと、依りかかる依頼心のように思いますけれど、依頼心は真実の信心とはいわないのですね。清沢満之先生のお言葉を借りるならば、自力の依頼心、自力の依頼心は真実の信心ではない。本当に「よりかかり、よりたのむ」、その心は、自分の一生を託して悔いがないという心ですから、自分がよりかかっていて、こちらが倒れると自分も倒れる。あたりまえの道理ですが、よりかかる心が自力の依頼心ですと、自力の依頼心で誰かに頼りかかって、仮りに頼りかかったものが倒れると、倒れたものが悪いということになる。それはまかせている姿をとって本当はまかせていない証拠なのですね。本当にまかせきるということは、依りかかったものが倒れたら、自分も倒れて結構、依りかかったものが零になるなら自分も零になって、それで充分。何も他の惑いが入る余地がない。そういった本当に偏えに依る心は、そのまま親鸞ひとりが独立出来る心なのですね。そういうことを、親鸞におきては、よきひとのおおせをかぶりて信ずるよりほかに別の子細はないという。この宗教的人間親鸞の誕生を、親鸞聖人自身が確かめておいでになるわけです。

それでは親鸞が独立出来るようになった「よきひとのおおせ」とは何か。それは、

「ただ念仏して、弥陀にたすけられまいらすべし」

という、これだけなのですね。「ただ念仏して、弥陀にたすけられまいらすべし」という教えは、聞いた親鸞には、ただ念仏して弥陀に助けられるということ以外に何もないのです。ただ念仏して助けられよと聞いた親鸞の心の中にはっきり見えて来たのは、ただ念仏して弥陀に助けられる親鸞が生まれて来たということでしょう。もっと端的にいうならば「ただ念仏して、弥陀にたすけられまいらすべし」ということは、念仏者になりなさいということではないでしょうか。念仏者になりなさいという教えを聞いて「ああそうだ」と頷いた人は念仏者である。それで充分。念仏者になるのに、これこれの理由があり、これこれの事情があるという必要がない。「念仏者になりなさい」という教えを聞いた時、ただ念仏者になって、一生を尽していける。そこに本当の意味での宗教的人間として生まれかわっていく新しい人間が生まれるわけです。

宗教とは、死・再生ということがあるわけです。生まれかわりなのです。自分中心にして、自我を依りどころとして生きていた人間が、教えを依りどころにして生きる人間になり変る。法を依りどころにして生きる人間に変る。その時本当に自分の二本の足で歩くことが出来るようにな

るのです。あれに注文をつけたり、これに依頼したりする依頼心から解放されて、自分の足で一足一足大地を踏みしめて、いのちの終る時まで歩いていける。それが別の子細のない親鸞の姿であり、別の子細のない念仏者の姿なのですね。こう教えてくださっておいて、このことを明らかにするために、わざわざ念をおされるのです。

教えの後の惑い

「親鸞におきては、ただ念仏して、弥陀にたすけられまいらすべしと、よきひとのおおせをかぶりて、信ずるほかに別の子細なきなり」こういう言葉を聞いた時、ひょっとすると、関東の御同行のどなたかの心の中には「ああよかった」という気持が起ったかもしれない。なぜかというと関東から命がけでやってきた心の底には念仏して助かるだろうか。念仏したらひょっとして地獄へ落ちるのではないか。念仏したら地獄へ落ちるぞとおどかされることもありましたから。あなた達の聞いて来た念仏では本当にお浄土へ生まれることが出来ないよ、という声も聞こえるし、はたして念仏して助かるだろうかという惑いもあったわけです。それに対し「親鸞におきては、ただ念仏して、弥陀にたすけられまいらすべしと、よきひとのおおせをかぶりて、信ずるほかに別の子細なきなり」と、こうおっしゃられた時、いま申しましたような親鸞聖人の一言一言を、本当に聞きとれなかった人もあったのではないかと思います。私自身を確かめてみてもよくわかる。ああよかった。やっぱり私達は間違いはなかった。あの時は間違いではなかったか、ひょっとすると聞き違いをしているかもしれないと思っていたが、やっぱり親鸞聖人はそうおっしゃってくださった。ああよかった。こう安心したのではないでしょうか。

しかしこの安心する心が実は惑いの心なのです。またお師匠さんから離れて、他の人が何かいいますと惑いはじめる。また命がけでお師匠さんのところにやって来てお師匠さんに聞いて、あ間違いなかった。一生のあいだ、間違いなかった、間違いなかったと自分で安心しながら一度も本当には安心出来ず死んで行かなければならない。

そういうところに親鸞聖人のお言葉を思いだすのですが、本当に信心とは一心であります。天親菩薩のお言葉に依ると、

「世尊、我れ一心に（世尊我一心）」

世尊というところに教えがあり、我れというところに親鸞（私）がある。本当に世尊という教えと、我れという自立であります。主体性です。世尊よという言葉が、本当に教えに遇った時の感動であるならば、我れというところには本当の自分をみつけた時の感動がある。はじめて世尊よと言え、はじめて我れと言えた心を一心という、一つの心という。だから一心は唯信です。ただ信ずるという唯信です。

唯信について親鸞聖人はこのようにおっしゃっています。

「唯」は、ただこのことひとつという。ふたつならぶことをきらうことばなり。また「唯」は、ひとりというこころなり。

唯とはただこのこと一つということである。二つならぶことをきらう。ところがさき程申しましたように、「親鸞聖人もそうだったか、ああよかった」ということは、二つならべていることなのです。「親鸞聖人もそうだったか、私もそうだった」と二つならんでいる。このこと一つということではない。お師匠さまと私とが二つならんでおりまして、お師匠さまに確かめてもらって、お師匠さまが言ったらああそうかということです。仏さまと私とが二つならぶわけです。いつでも二つならんでいる。比べながらああよかったとか悪かったとか。いつも相対しているのを二つならぶ心とおっしゃっている。その二つならぶ心でいるかぎり、「唯とはひとりという」とおっしゃる一人になれないのです。いつでも若存、若亡であちらに起ってみたり、こちらに起ってみたり、ああよかったと思ったり不安になったりする。その意味で唯は二つならぶことを嫌う心である。「また『唯』は、ひとりというこころなり。『信』はうたがいなきこころなり」と、こうおっしゃっておられます。そうしますと、お師匠さまもそう言うてくださってよかったというところには、実は疑いなきなりではなくて、疑っていない姿をとりながら中味は何かというと、いつも疑っている心なのですね。だからああよかったということにもなり、そうだろうかということにもなる。だから親鸞聖人は「『信』はうたがいなきこころなり」とおっしゃっている。「うたがわざるなり」とはおっしゃっていないのです。信心とは疑わざる心ではなくて、疑う心のなくなることなのです。なくなる心であるからして、「ただ念仏して、弥陀にたすけられまいらすべし」という、「よきひとのおおせ」を聞いて別の子細がなくなるわけなのです。疑う心がなくなる。そこに別の子細がないという世界があるわけです。

ところがそこに若存若亡といいますか、ああよかったという安心感がある。その安心感を聖人は決して見落さないのですね。

たとい、法然聖人にすかされまいらせて、念仏して地獄におちたりとも、さらに後悔すべからずそうろう。

これを聞いた時、安心はまたいっぺんにひっくり返されてしまったのではないでしょうか。念仏したら地獄へ落ちると関東では聞かされていたのに、念仏すれば地獄へ落ちなくてもいい道だったのだなあという気持だったかもしれませんね。その安心感の中に隠されている疑惑の心を見抜かれて親鸞聖人は、その時ははっきりと法然上人の名前を出しまして、

たとい、法然聖人にすかされまいらせて、念仏して地獄におちたりとも、さらに後悔すべからずそうろう。

これが信心なのです。後悔がないということは疑う心がないという事です。地方へ行くと「私はかんかんに信じているから何をいわれても私は動きません」という門徒の方にお会いしますが、

「そう力んでいる間はまた動かなくてはならない時が来ますよ」と、そういうのです。「かんかんに信じているから動きません」といった時には信じていない証拠がでているのですよ。そういう意味では「地獄におちたりとも、さらに後悔すべからずそうろう」という時には、私は法然上人のおっしゃることをかんかんに信じているから、誰がなんといおうと何ともないのだ、そうではないのです。法然上人にたとえだまされても、それで結構ですとおっしゃる。信じているという心の中には裏切られるということはないはずなのです。信じていたが裏切られたということは信じていなかったという心が現われて、それこそ「よきことにてそうろう」でしょう。

人からの自立

法然聖人にすかされまいらせて、念仏して地獄におちたりとも、さらに後悔すべからずそうろう。

という姿が親鸞の自立した姿なのです。その時には法然という人格からも離れて一人立ちの出来た親鸞聖人がいるわけでしょう。それが次の言葉になって現われてくるのです。

そのゆえは、自余の行もはげみて、仏になるべかりける身が、念仏をもうして、地獄にもおちてそうらわばこそ、すかされたてまつりて、という後悔もそうらわめ。

だまされた、だまされているのではないだろうかという不安はどこから起るのだろうか。実は自余の行をはげみても仏になるはずだという、はずのうえに生きている限り、どんな教えを聞いても、ほかの人が一言いった言葉を聞いて、だまされたのではないだろうか、あるいはもう少し深いわけがあるのではないかという惑いが起ってくるのですね。自分は地獄に落ちても後悔がない。たとえ法然上人にだまされても、だまされない、といえるのはなぜか。その故は自余の行をはげみて仏になれる自分でありながら、法然上人に会ったがために地獄へ落ちるというのならば、その時には後悔するであろう。この道があった、ほかの道があったというのならば後悔するだろう。ほかの道があったのに、この道を歩いたので、こんなことになってしまった。だましたのは法然だということになるであろう。

ところが親鸞聖人は、

いずれの行もおよびがたき身なれば、とても地獄は一定すみかぞかし。

とおっしゃっていらっしゃいます。この言葉の中には何か地獄という言葉がありますから、日蓮聖人の念仏無間を思い出すのですけれど、いろいろなお聖教がありますが、地獄がこれほど明るく語られているということはないのではなかろうかと思います。地獄というと暗いイメージですが、『歎異抄』のこのお言葉になると地獄は明るいですね。念仏して地獄に落ちても後悔がない。なぜなら自分は自余の行のはげめる身ではなかったのだ。「いずれの行もおよびがたき身なれば、とても地獄は一定すみかぞかし」というのは地獄が自分の居る場所である。地獄から逃げだしたいと願うから暗くなるのでしょう。地獄から逃げだす道が信心であるようにどこかで思うわけですが、地獄という世界から抜け出していける道が、求道という姿の中にあり、聞法という姿の中にあるはずだ。こういう予想があって、いつでも信心の心は地獄におびやかされている。信心とはその意味では危ないものですね。

蓮如上人は「信心とは安心なり」とおっしゃって、「安心とは安き心なり」とおっしゃる。しかし本当は安き心ではなくて、信心は不安心かもしれない。いつも地獄から救われたい、救われたいと、いってみれば地獄に追いかけられているのですから。追いかけられている心が信心だとすると、一生追いかけられていなくてはならないかもしれない。ところが親鸞聖人は自余の行をはげみて仏になるという思いのうえに生きているならば、念仏して地獄に落ちたら後悔があるだろう。しかしいずれの行も及びがたき身にとってみたら、地獄こそ棲家である。地獄こそ棲家であったといい切った時、地獄のまっただなかに生きていける親鸞があるわけです。地獄より他を夢みて生きていく親鸞ではなく、地獄の中に我が身を安定させて生きていける親鸞、それが実は「念仏して助けられよ」という言葉をよき人から聞くことによって、独立出来た親鸞聖人の中味なのですね。だから地獄が明るいのです。

つぎの言葉が、その明るさを証明しているのでしょう。

弥陀の本願まことにおわしまさば、釈尊の説教、虚言なるべからず。仏説まことにおわしまさば、善導の御釈、虚言したもうべからず。善導の御釈まことならば、法然のおおせそらごとならんや。

ここで終っているのならば、そんなに強い響きはないのですが、つづいて、

法然のおおせまことならば、親鸞がもうすむね、またもって、むなしかるべからずそうろうか。

と、ここまできていますね。地獄は一定の棲家である。地獄を逃げだしたい心が一転して、地獄のまっただなかに棲家をみつけるような、そういう私になれた。念仏の教えを聞いて、地獄から逃げたい、地獄から逃げたいと思っていた自分が、まったく逆転して、地獄のまっただ中に棲家をみつける自分になれた。そうなれた時、法然上人という人にしがみつかなくてもよくなった。善導大師という人にしがみつかなくてもよくなった。お釈迦さんという人にまでしがみつく必要がなくなった。ただ一つその教えを通して弥陀の本願の真実《まこと》に気づいたのですね。言葉をかえると、本願の正機になれたのです。本願の正機になれた我が身からかえりみたら、実はお釈迦さまも、善導大師も、法然上人もまた、親鸞自身にとりましては、「おおせ」として本願のまことを伝えてくださった法然上人も、みな親鸞を本願の正機とするための御苦労の歴史であったのだなあと。

ここに「弥陀の本願まことにおわしまさば」といってお釈迦さまがでておいでになって、法然上人が偏依善導とおっしゃった善導大師が出ておいでになって、そしてよき人のおおせと聞いた法然上人がでておいでになる。実はその方々がみな本願のまことにうなずき、本願のまことを伝

えて、この親鸞のところまで本願のまことの聞こえる歩みをしてくださった。本願のまことの御苦労の歴史であったのだなあ。こう気づいてみたら、その法然上人に、その善導大師に、そのお釈迦さまにしがみつく必要がなくなった。

本願のまことを歩いてくださった。本願のまことを伝えてくださった。とうとう親鸞のところまで伝えてくださったのだ。弥陀の本願まことならば、法然のおおせはそらごとでないであろう。その法然のおおせを通して弥陀の本願を聞くことの出来たこの親鸞は、地獄のまっただなかに一定の棲家をみつけて住んでいける身になれた。その時、この親鸞の申すむねも、またむなしくないのではないでしょうか。なぜなら本願のまことだからですよ。親鸞だからではないのですね。本願のまことだから虚しいということはないのじゃないでしょうか。ここまでおっしゃって、

詮ずるところ、愚身の信心におきてはかくのごとし。

結局は私の信心と申しますのもこのようなものでございます、とこうおっしゃるのです。

一人一人の信心

このうえは、念仏をとりて信じたてまつらんとも、またすてんとも、面々《めん》の御はからいなりと云々。

と言われます。何かここまで拝読してきますと、迷うておられる人々の心を吟味しておいでにな

るようですけれども、同時に親鸞聖人みずからのお心を確かめておいでになるわけです。確かめ確かめしていくことを通して、それが鏡となって、惑うて来た人々の惑いが一つずつ浮彫りになって来ている。一番最後には親鸞にしがみつく必要はないのです。親鸞にしがみつけばかならずまた惑わなくてはならないのです。ただ親鸞が申すことの虚しくないということに気づいていただければいいのです。弥陀の本願のまことの正機になっていただければいいのです。こう教えて、そして最後に、

詮ずるところ、愚身の信心におきてはかくのごとし。このうえは、念仏をとりて信じたてまつらんとも、またすてんとも、面々の御はからいなりと云々。

むしろこの言葉があればこそ、関東からやって来た人々が本当の意味で親鸞聖人のお教えに耳をかたむけることが出来たのではないでしょうか。

曾我先生がおっしゃっておられたことですが、「もしあなたがたは間違っている。だから私のいうことを聞けといったのなら、関東から来た人はみな善鸞さまのところへ行ったかもしれない」とおっしゃいましたが、そうなんです。あなたがたお一人お一人なのですよ。本当に法を信ずることの出来た人は本当に人を信ずることが出来る人である。なぜかというと、地獄が一定棲家であるこの親鸞が、ここに本願のまことのなかに生きているではないか。生きているとすると、ほかの人が本願のまことの正機になれないはずはない。法を信ずる人は人を信ずることが出来る。

本願のまことが親鸞の力で伝わっていくのではなく、ある人の力で壊れていくのでもない。親鸞聖人は「お聖教はみな流通物である」とおっしゃっておりますが、縁があればお聖教はかならず一人働きをしてくださるとおっしゃってくださっています。一人一人である限り、一人一人が本願の正機とならないはずはない。十方衆生と呼びかけた本願の中からもれる人は一人もないはずである。もれるとするならば親鸞しかない。その親鸞がもれたまんまで地獄を一定棲家として念仏して生きていける。ほかの人々は御本願の中にいるのではないのか。こう気づいた時に、念仏をとって信じていこうとも、捨てようとも、それはお一人お一人のお心できめていただければ充分なことであります、と言えたのでしょう。

はじめの一句でああそうだと気づいた唯円が、この親切な親鸞聖人が御自分を試金石にして教えてくださるお教えを、ああそうだ、そうだとうなずきながら、最後に唯円自身がまた一人立ちの出来る身になっていけたのではないだろうか。こんなことを思わせられますのが第二条のお教えではないでしょうか。

この第二条だけが特に厳しい調子を持っていると感じられるのも無理からぬことです。しかしそれは、親鸞聖人が厳しく語ったのではなく、聞いている唯円に厳しく聞こえてきたのです。親鸞聖人が怒っておられるのではなく、唯円にこれほど厳しいお教えはないと聞こえてきたから、全体の調子が緊張した形をとっているのですね。

静かに拝読してみますと、そこには涙があり悲しみがあり、充分わかってくださって、しかも本願の正機を顕かにしてくださる親鸞聖人の本当の意味での御親切がたたえられている一条ではないかと思います。

（一九七二・二・二七）

第三条　如来絶対信中の人

第三条

（本　文）

善人《ぜんにん》なおもて往生をとぐ、いわんや悪《あく》人《にん》をや。

しかるを、世のひとつねにいわく、悪人なお往生す、いかにいわんや善人をや。この条《じょう》、一旦《いったん》そのいわれあるににたれども、本願他力の意趣《いしゅ》にそむけり。

そのゆえは、自力作善《じりきさぜん》のひとは、ひとえに他力をたのむこころかけたるあいだ、

（意　訳）

善人でさえも阿弥陀の浄土へ生まれることができます。まして、悪人はいうまでもありません。

ところが、世間一般の人びとは、つねにこう言います。「悪人でさえ浄土へ生まれるのなら、善人が生まれることは当然である」と。これは、一応、道理にかなった言い分のように思われますが、実は、阿弥陀の本願・他力の救いの精神には背くことなのです。

なぜかと申しますと、自分の力をたのみにして善行を励み、それによって悟りを開こうと思

弥陀《みだ》の本願にあらず。しかれども、自力のこころをひるがえして、他力をたのみたてまつれば、真実報土《しんじつほうど》の往生をとぐるなり。

煩悩具足《ぼんのうぐそく》のわれらは、いずれの行《ぎょう》にても、生死《しょうじ》をはなるることあるべからざるをあわれみたまいて、願《がん》をおこしたまう本意《ほんい》、悪人成仏《あくにんじょうぶつ》のためなれば、他力をたのみたてまつる悪人、もっとも往生の正《しょう》因《いん》なり。

っている人びとは、ひとすじに他力をたのむという心が欠けているのですから、阿弥陀の本願に背いていると言わねばなりません。しかし、この人びとも、自力をたのむ心をひるがえして、他力を信ずる身になるならば、真実の浄土に生まれるものとなるのです。

　よくよくふり返ってみますと、煩いと悩みとをかけめなく身にそなえている私たちは、どのような修行に励んでみても、この迷いの人生を離れ切ることなどは決してできません。このような私たちを大悲のお心でみそなわして本願をおこしてくださった阿弥陀のご本心は「ただ悪人をこそ仏とならしめん」ということの外にはないのです。だからこそ、他力をたのむ悪人こそが、必ず阿弥陀の浄土へ生まれることの決定した人なのであります。

郵便はがき

料金受取人払郵便

京都中央局
承認

7670

差出有効期間
平成32年6月
20日まで

(切手をはらずに
お出し下さい)

6008790

110

京都市下京区
正面通烏丸東入

法藏館 営業部 行

愛読者カード

本書をお買い上げいただきまして、まことにありがとうございました。
このハガキを、小社へのご意見またはご注文にご利用下さい。

お買上 **書名**

＊本書に関するご感想、ご意見をお聞かせ下さい。

＊出版してほしいテーマ・執筆者名をお聞かせ下さい。

お買上
書店名　　区市町　　**書店**

◆新刊情報はホームページで　http://www.hozokan.co.jp
◆ご注文、ご意見については　info@hozokan.co.jp

18.6.50000

ご氏名《ふりがな》		年齢　　歳　男・女
〒□□□-□□□□	電話	
ご住所		
ご職業 （ご宗派）	所属学会等	
ご購読の新聞・雑誌名 （PR誌を含む）		

ご希望の方に「法藏館・図書目録」をお送りいたします。
送付をご希望の方は右の□の中に✓をご記入下さい。　□

注文書

月　　日

書　名	定　価	部　数
	円	部
	円	部
	円	部
	円	部
	円	部

配本は、○印を付けた方法にして下さい。

イ. **下記書店へ配本して下さい。**
（直接書店にお渡し下さい）

（書店・取次帖合印）

書店様へ＝書店帖合印を捺印の上ご投函下さい。

ロ. **直接送本して下さい。**
代金（書籍代＋送料・手数料）は、お届けの際に現金と引換えにお支払下さい。送料・手数料は、書籍代 計15,000円未満774円、15,000円以上無料です（いずれも税込）。

＊お急ぎのご注文には電話、ＦＡＸもご利用ください。
電話 075-343-0458
FAX 075-371-0458

（個人情報は『個人情報保護法』に基づいてお取扱い致します。）

よって善人だにこそ往生すれ、まして悪人はと、おおせそうらいき。

それゆへに、善人でさえ浄土へ生まれることができるのであれば、まして悪人の往生は当然のことであると言うたのです、と教えてくださいました。

一

高倉会館のいのち

高倉会館へ参りますと、他の所でお話をするときとは、ちょっとちがう感情がおこってまいります。実は今朝も門をくぐりまして講堂の横を通ってはいってまいりますと、実感として、非常に淋しい気がするんです。淋しいなあという気がしてならんのです。まあ、その淋しいなあという気持の中には、私としましては具体的なことが心に浮んでくるわけです。それは、曾我先生がなくなられて、正親《おおぎ》先生がなくなられて、そして、金子大榮先生がだんだんとおよわりになっているると、そういうことの全体が、高倉会館という会館と一緒になって、淋しいなあという気がしてならんのです。

そんなことをしきりと思いながら、控室で休ませていただいていたのですけれども、お床にかかっている曾我先生の書を拝見しながら、〝淋しいなあ〟と、そんなことをいうておったんではいけないんだということも思い返したりしていたのであります。そんな入りくんだ感情をもう少し正確に申しますと、淋しいということのなかには、正親先生でありますとか、曾我先生でありますとか、金子先生でありますとか、特に曾我先生とか金子先生という方々は、親鸞聖人のお年以上に長生きをなさって下さった方でありまして、言うてみれば、九十年以上もの長い間ご苦労して下さったわけであります。その先生方のご苦労の中で自分は「ただ甘えておったんだなあ」と、そういう実感がある訳なんです。

先日も友達とそんな話をしておりまして、どうして曾我先生や金子先生はあんなに長生きができるんだろうかと、こういうことが話題になったんですよ。そうしたらある友達が、そりゃやっぱり、曾我先生がおっしゃるように、正念に住するというようなことがあるのではないか。親鸞聖人も九十歳でお亡くなりになるご病床では、

口に世事をまじえず、ただ仏恩のふかきことをのぶ。声に余言をあらわさず、もっぱら称名たゆることなし。

と伝えられている。同じようにあのお二人の先生方も、それこそ世事をまじえず、ひたすらに仏法一すじに生きてこられた、いわゆる正念に住しておられる方だから、いろんな世の中の移りかわりの中にありながらも、不動の心で生きておいでになって九十年以上も長生きなさったんだと、こういうふうに言うんですね。それを聞いて〝たしかにそうだなあ〟と思いました。

そうしたらもう一人の友達が、突然こういうことを言い出したのです。「いや、そうかもわからんけれども、阿闍世が多すぎるんじゃないかな」とね。私は何かが胸にぐさっと刺さってくる

ような気がしましたですね。そうかもわからんけれども、阿闍世が多すぎるんじゃないかというのです。もちろん、その言葉の裏には、『涅槃経』の「阿闍世のために涅槃に入らず」という、あのお釈迦さまの最後のお心持というものを思いながら、その友達はそんなことを言うたんでしょう。結局、九十年長生きをなさったのは、正念に住しておいでになったからだというのも間違いはないことなんですが、また、ちがう言葉で申しますと、「涅槃に入らず」と、こうおっしゃらなくてはならないお気持が、九十年というご苦労をさしてしまったんだと。いわば阿闍世が多すぎるんだと。何かそんなふうに、フッと友達から言われましたときに、淋しいなあと、さっき思いましたけれども、それと同時に、長い間、阿闍世でありすぎた自分と申しますか、そんなこともフッと心の中に出て参りまして、そんな感情があれやこれやと思い出されまして、お話しをどう進めていこうかなと、とまどっているのです。

しかしまあ、そういうことを思わせていただけるところに、高倉会館という、この会館の聞熏習ということがあるのでございましょう。仏法聴聞が高倉会館というこの会館にしみこんでおりまして、それは誰の聞法ということではなくて、この高倉会館全体にしみこんだ仏法の聴聞の香りというものが、ほんとうの仏法というものが何であるかということを、言葉でない言葉で私たちに教えておって下さる。それが高倉会館のいのちじゃないかと思うんです。そういう意味で申しますと、阿闍世のために涅槃に入らずというお言葉通り、九十年というご苦労を続けて下さった先生方のご苦労だけではなく、その周辺には、もっと無数の方々のご苦労の香りが、満ち満ちているわけなのでありましょう。私はこうした会館のいのちと申しますか、そのいのちを絶やしたくないし、決して絶やしてはならないんだと思います。それは決して館《やかた》があるかないかということではなくして、聞熏習で荘厳されたそういう世界のいのちというものを、決して失ってはならない。それがある意味で申しますと、仏法を聞くというご縁を、生活の中にいただいた、私たちの、責任であるとでも言いたいような、そんな気持も、フッと出てくる訳であります。

講題のこころ

だいぶん前口上が長くなりましたが、今日は、『歎異抄』の第三条を中心にしながらお話をして参ります。おそらく今月と来月と二度続けてお話しすることになるだろうと思いますけれども、最初に本文を拝読することに致します。

善人なおもて往生をとぐ、いわんや悪人をや。しかるを、世のひとつねにいわく、悪人なお往生す、いかにいわんや善人をや。この条、一旦そのいわれあるににたれども、本願他力の意趣にそむけり。そのゆえは、自力作善のひとは、ひとえに他力をたのむこころかけたるあいだ、弥陀の本願にあらず。しかれども、自力のこころをひるがえして、他力をたのみたてまつれば、真実報土の往生をとぐるなり。煩悩具足のわれらは、いずれの行にても、生死をはなることあるべからざるをあわれみたまいて、願をおこしたまう本意、悪人成仏のためなれば、他力をたのみたてまつる悪人、もっとも往生の正因なり。よって善人だにこそ往生すれ、まして悪人はと、おおせそうらいき。

『歎異抄』の十八条の中では、さして長い一条というわけでもございません。そして非常に有名な一条でございまして、今日では高等学校の教科書にも一番たくさん出てくる親鸞聖人のお言葉の代表のようにされている一条でもあるわけですね。先日もテレビを見ておりましたら、お昼の番組にQアンドQというクイズ番組がございます。丁度食事時なものですから、食事をしながらQアンドQを見ていたのですが、ちょうどその時、五十万円か百万円の賞金のかかったクイズに挑戦した人に出た問題が、「〃善人なおもて往生をとぐ〃その後の言葉は何ですか」という問題でした。おそらく答えは出ないだろうと私は思っていたんです。この人百万円損したなと思っておったんですよ。ところがその人は、即座に、「いわんや悪人をや」とこう答えたのですね。私はびっくりしましたね。「善人なおもて往生をとぐ、いわんや悪人をや」というそんな言葉を、クイズの番組の問題に出した人もよほど変った人だけれども、答える人はほとんどないだろうと思っておりましたところが、そう思う私の方が実は現代『歎異抄』の言葉が、一般の人々の中に、しみとおっているということを知らなすぎるということになっていた訳なんですね。見事にその人は、『歎異抄』の第三条の、冒頭の一句を答えて、五十万円か百万円もらって帰っていきました。それほど有名になっているお言葉であります。

ところが、さてじゃあその『歎異抄』の第三条をお話しようといたしますと、これは大変なんです。大変と申しますのは、何かいろんなことが心の中に出てくる訳なんですよ。こういうふうにもお話したい。あるいはこんなふうな視点から問題をとり上げて、一緒に考えさせていただきたい。いろいろと心の中に出て参りまして、整理がつかないのです。どういうふうにして話をしていっていいのか、さっぱり気持がまとまって来ないんです。その証拠に今日の講題が非常に難かしい講題になっております。講題がやっかいになるということは、話の中味が非常に整理がしにくい証拠である訳なんです。例えば第一条をお話いたしましたときには「願いと光」というような題でお話をいたしまして、気持の中には案外すきっとしたものがあった訳なんです。第二条の場合には、「信心の内景」というような題で信心の中味とは何なんだろうかということを考えさせていただける一条だなあと、こう思いました。

さて第三条は何か。一番に念頭に出て参りましたのが「悪人成仏」という題なんです。最近はある方が、『悪人親鸞』という本を書いて、非常によく売れておりますけれども、なかなか力作なんですが、悪人成仏という題でもいいんですが、何かもう一つ言いたりない気がしてならないんです。悪人成仏というだけでは、尽きない問題がこの条にはもう一つ深いところにあるような気がしてならないんです。ただ悪人が成仏できるということだけでは、言い足らない感情が、もう一つあるような気がする。そんなふうに思い悩みまして、いろいろ考えておりましたときに、私の念頭に出て参りました事は、曾我量深先生が、ある所で、

「如来に信じられ、如来に敬せられ、如来に愛せらる、かくて我らは如来を信ずるを得」

というお言葉をお書きになったことがあります。如来に信じられて生きている、如来に敬せられて生きている、如来に愛せられて生きているという、そういう私を見つけることのできたとき、はじめて、私は如来に、自己をすっかりおまかせするということができる、そういう根拠が与えられるのだと、そういうお心であろうと思うのです。そのお言葉がフッと念頭に出て参りまして、そういう問題が、この『歎異抄』の第三条の根にずっと流れているんじゃないかと思いまして、また曾我先生がおっしゃっておいでになったお心持を私なりにいただいてみようかなあというこ ともありまして、「如来絶対信中の人」、こんなふうに出してみたのです。だから悪人成仏ということでもいいんですけれど、それだけで足らない、言い足らないものを、如来の絶対信の中に生きていく私、如来の絶対信の中を生きることのできる私という、その私の告白です。如来絶対信中を生きる私である、人であるという、その人の自己告白、信仰告白、それが、この『歎異抄』の第三条のお言葉じゃないかなと、こんなふうに思いまして、「如来絶対信中の人」、というような題をつけてみたのであります。

悪人・下類

何分にも、今拝読しましておわかりのように、『歎異抄』の第三条は、善人悪人ということばが繰り返し繰り返し出て参りますので、どうしてもその善人とは何か、悪人とは何かということが問題になるわけであります。いろんな先生方のお書きになりました『歎異抄』についてのご解釈というものを拝見してみましても、なかなかよくわからないですね。ある人は、ここで言うている善人悪人というのは、そう難しく考えなくてもいいんであって、いわゆる倫理的な意味での善人悪人ということでいいのじゃないか、泥棒をする者とか、あるいは慈善事業をする人とか、ともかくそんな形をとらないにしても、倫理的道徳的な意味での善人悪人ということでもいいんじゃないだろうか、こういうふうにおっしゃっておられる方もおられます。

ところが、最近ではよく言われることでありますが、そうじゃなくて、ここで特に親鸞聖人が善人の往生というものを否定して、悪人の往生を殊に「悪人成仏」というような言葉でおっしゃろうとしたところには、親鸞聖人がどういうあり様で越後から関東への、あの二十数年という長い田舎の人々との生活をなさったかということが背後にあって、こういう言葉が出て来たんだ。こういうことが、最近は盛んに言われるようになってきたわけです。いうてみますならば、当時の社会機構の中で、下積みになって、それこそ牛か馬のかわりに、いわゆる物を作る道具のようにして使われ、人間として扱われることのなかったような、それこそ下積みの人たち、その人たちと共に生きた親鸞聖人は、その人たちこそ救われるのだという、そういう教えをお念仏の教えの中に発見して、それをはっきりと口に出していわれたのである。だからして、当時の社会のしきたりの中で、善人だといわれる人ではなく、当時のしきたりの中で言うならば、その当時のしきたりを犯さなくては生きていけないような、そういう下積みの人たちをおさえて、悪人と言うて、その悪人が往生できる道がここにある。悪人がほんとうに人間らしく生きていける道がここにあるんだと、そういうことを言おうとしているのが、この『歎異抄』の第三条のお言葉である。こういうふうに強くおっしゃって下さる人たちが、最近ではずいぶん増えているわけであります。このことにつきましては、私も実は深い関心をもっておりまして、何かそのことを、そういうふうな親鸞聖人の生き様というものを、はっきりさせたいなあという気持はいつも私の中にある訳なのです。

例えば親鸞聖人の『歎異抄』の第十三条、宿業という問題を顕らかにしておいでになるあの第十三条を拝見しますと、あそこに「うみかわに、あみをひき、つりをして、世をわたるものも、野やまに、ししをかり、とりをとりて、いのちをつぐともがらも、あきないをもし、田畠をつくりてすぐるひとも……」、いうならば、猟師、農夫、物の売り買いをする商人、そういう人々ばかりが特別に出て参りまして、そうして「さるべき業縁のもよおせば、いかなるふるまいもすべし」ということで、みな平等だと、こういうことを親鸞聖人がおっしゃる。どうしてあのときに、人間というものはさるべき業縁のもよおせばいかなる振舞もするものだからして、貴族になっても、あるいは金持になっても、あるいは貧乏人になっても、一緒じゃないか、こうどうしておっしゃらなかったのか。特に下積みの人、いわゆる人間として扱ってもらえないような人ばっかりをわざわざ具体的に、その生き様を出して、それをもって人間の平等であるということの例にして、「さるべき業縁のもよおせば、いかなる振舞もす」るんだからして、ただ同じことなのだと、どうしておっしゃらなくてはならなかったんだろうか。

煩と悩

親鸞聖人は、都人として、そして権力をもった人たちと共に生きたのではなくて、反対に田舎の人々と共に生きられた。その田舎の人々というのは田舎にいて、都の人々の生活を支えるためだけに生きていく人々ということなんです。ですから、牛や馬と同じような、労働能力があるかないかということだけで生きていくことが一応みとめられているような、そんな生き様しかできない、そういう人たちなのでしょう。

それを田舎の人々といいながら、親鸞聖人は親しまれ、その人たちと一緒に生きていかれた。ご承知の「具縛の凡夫・屠沽の下類」という言葉がございますけれど、「具縛の凡夫・屠沽の下類」という言葉につきまして、「具縛というは、よろずの煩悩にしばられたる我等なり。煩は、身をわずらわす、悩は、心をなやます」こういうように一つ一つ詳しくご解釈になっておいでになり、そして「屠沽の下類」という「屠」というのは、「よろずの生きたるものを殺しほふるものこれは猟師というものなり」「沽」は「よろずのものを売り買うものなり、これは商人なり。是等を『下類』というなり」こういうて、「かようのあしき人・猟師・さまざまの者は、みな石・瓦・礫《つぶて》の如くなる我等なり」と、こういうふうに親鸞聖人はおっしゃっておられますね。あそこでもやっぱり、具縛の凡夫、屠沽の下類、煩悩に心を悩まされ、身を悩まされながら、生きていく。「煩」というのは身をわずらわすことであり、「悩」というのは心をなやますことだと、わざわざ分けておっしゃっておいでになることが、何かこう胸にひびくんですよ。

なにか煩悩と申しますと、心の問題だと、すぐに私たちは考えてしまうのですけれども、親鸞聖人はそうはおっしゃらない。やっぱり、煩と悩という二つの字の意味をただ解釈して言うているのでなくて、心をわずらわすだけでなく身をわずらわすのだ。身をわずらわすということは、病気になるというようなことではない、そうではなくして生活の苦しさですね。生活することが耐えられないほどの苦しさにあえいでいかなくちゃならない。たとえばあらしがやってくればやってきたで、またひでりが続けば続いたで、とたんに一家が心中しなくちゃならないかもわからないというような、そういう生活の苦しさを生きていかなくちゃならない。そこではただ心で悩むというような、言うてみれば、そんな贅沢な悩みだけで生きていく人々ではなくして、身が苦しまなくてはならない。しかもその人たちの生き様は、生きているもののいのちを殺しほふるということをなりわいとしていく人々であり、物の売り買いをしながら、生きていかなくてはならない、いわば後の封建社会の仕組の中でも、一番下の位に位づけられるような生き様をしなくちゃならなかった人びとです。だから世間からこの人たちは「下類」とよばれた。そして、石、瓦、礫《つぶて》のように扱われていたと、非常に具体的におっしゃっておられますね。そしてその石、瓦、礫の如き彼等とはおっしゃらなくて、「我等なり」とおっしゃっておいでになります。とすると親鸞聖人はどこに立って、どこに身を置いて生きておられたのかと、こう申しますならば、その下類とよばれ、あるいは悪人とよばれ、あるいは非人とよばれ、そうよばれている人々のところに身を置いて、その人たちに同情してではなく、その人たちといのちを共にして、我等とうなずきあいながら生きていかれた。これが親鸞聖人の生き方です。といたしますならば、当然ここで、悪人の成仏ということをおっしゃるお気持の中には、そういうことが問題の背後にあったにちがいない、そういうことをはっきりさせていきたいということが私の気持の中に、ずっとある訳であります。

宗教的意味での悪人とは

ところが、それだけでもなお言いきれないような気がするんですね。ただそれだけで終ってしまったのであるならば、何か、もう一つ一番親鸞聖人のおっしゃろうとする大事なものが、ぬけていってしまうのではないだろうか。そういうことは具体的な内容として非常に大事なことであるに違いないけれども、それだけで解釈をつけていけることではなくて、もっと人間の深い、どういう時代にどういう生き様をしておっても、なおかつそのままでは解決できないような問題のところにまで、問題が掘り下げられ、そこからものを言うておいでになるのではないだろうか。そんなことを同時に思う訳なのであります。

またある方は、ここで言うている善人悪人というのは、いわゆる倫理的な意味での善人悪人ではない。そうかというて、今私がくどくどと申しましたような、社会的なあるいは当時の社会機構の中での、そういう意味での善人悪人ということでもない。もっと深い、宗教的な意味での善人悪人だと、こういうふうに言われる方があります。確かにそうであるにちがいない、ちがいないんですけれども、そこで確かめておきたいことは、じゃあその宗教的な意味での善人悪人ということはどういうことなのか。そのことなのです。宗教的な意味での善人悪人だというて、はいわかりましたっていうふうに、私の気持はならないんです。わからないからして、そうであろうか、そうであるならば、宗教的な意味での善人悪人ということが、この第三条で語られているとすると、一体その中味はどんなものなのだろうか。それがたずねてみたいわけです。

ところがそんなことを思うものですから、何回も何回も拝読している条なんですけれども、いつでも行ったり来たり、行ったり来たりして、正直申しますと、できますことならば、一条、二条、四条、五条とこういうふうに第三条をとばしていきたいような気持もするんです。そういうわけにもいかないもんですから、ずい分苦労致しましたが、苦労するということは、ありがたいことでありまして、二人の人がこの問題を解いていくカギを私に与えてくれたのであります。この二人の人というのはそれぞれには全く関係のない人です。一人は、今年は三十八位になられましたでしょうか、数年前のことですが、あるあやまちをおかしまして、そしてとうとうそれが原因で、殺したわけではないけれども、人一人に大怪我をさすという結果になってしまったという人なのです。その人は、かなりの学歴をもった人なのですけれども、あるはずみでありましょうか、あやまちをおかしまして、人ひとりに瀕死の怪我をさせてしまったんです。

絶対の愛の言葉

ところがたまたまその人が、どこかで『歎異抄』というものを、一つの教養の書として読んでおったのでしょう。でまあ、その人に会いましたところが、その人がこういうことを私に言うてくれたのです。「以前『歎異抄』を読んでおった頃には、『歎異抄』のあの第三条の、善人なおもて往生をとぐ、いわんや悪人をやということばは、いわゆる逆説的な言葉だと思っておった」つまり、人間のふつうの考え方をひっくりかえしていくような、そういう論理をもっておって語っている言葉なんだと思っておった。「ところが、この頃私には、こんなにもあたたかい言葉が人間の世界にあったのかと思って、驚いているんです」と、しみじみと語ってくれたのです。またその人は、

「私は最近これこれこういうことをしてしまったんだけれども、そういう自分の身にふりあてながら、『歎異抄』を拝読してみると、『歎異抄』の中でどの条がありがたいかというと、かけ値なしに、第三条がありがたいと思う」というんですね。そして「こんなにあたたかい言葉が人間の世界にあったんだろうかと思えて、不思議でしかたがない。私にとっては、『歎異抄』のこの第三条の言葉と、もう一つは、ロシアのドストエフスキーという人が書いた、『罪と罰』という小説の中に出てくる、マルメラードフという一人のよっぱらいが酒場で語った言葉と、この二つの言葉が、私を自暴自棄から救ってくれたし、自殺をしようとした私をも救ってくれたんだ。これは人間の言葉ではない。それこそ仏さまの言葉であり、神さまの言葉ですね」

こういうふうに青年が言うてくれたんです。まあその、ドフトエフスキーのマルメラードフが言うた言葉というのは、去年かおとといしかお話した時にも申したと思うのですが、いわゆる『罪と罰』のヒロインであるソーニャという娼売婦が出てくるのですが、そのソーニャが身を売って作ったお金をふんだくるようにしてとってきて、それを酒代にして、よっぱらい、ウオッカのビンをたたきながら、語る言葉なのです。まあ『罪と罰』という小説では、そう重要な位置はしめて

いないのですけれども、その言葉は、私も非常に心ひかれる言葉だったんです。

その言葉を大体申しますと、天国の神様が人間をつぎつぎと呼び上げていってくれると、まず最初に誰を呼ぶかというと、いうまでもなくソーニャを呼ぶだろう。ソーニャを呼んで、お前は一度あやまちを犯した。あやまちを犯したというのは、人間は全てあやまちを犯したものなんですから、一度はあやまちを犯したと。しかし、そのあやまちはもうつぐなわれるんだと。なぜかというと、お前はよっぱらいの父親の面倒をみ、まま母のヒステリーに耐え、そしてまま母の子どもの面倒を見て、自分の身を売ってまでして生きてきた。お前はそういう清らかな、生き方をしてきたんだ。だからお前こそ、神の国へ入ってくる資格があるんだ、だからお前はやって来いと、こう必ず呼んでくれるにちがいない。酔っぱらいながら父親が言うわけですよね。そしてつぎつぎと善なる人、義なる人が神に召されていく。そして最後に、神さまがこういうふうに言う。「その陰にかくれているブタ、その陰にかくれているのんだくれ、お前も出て来い」こう呼びかけてくれる。で、私は、おずおずと神様の前に出ていく。すると、先に神様に呼び出されていった正しい人たち、善き人たちが神さまに向って、こういうふうに言うというんですね。「主よ、どうしてあんなのんだくれの、あんなブタのような、人間らしい生活をしたことのないような人間を、あなたはどうして、お呼び上げになるのですか」と。

こういうふうに神様に抗議をする。そうしたら神様がこう答えるにちがいない。自分で言うているわけです。

「確かにそうだ正しき者よ。義なる者よ善き者よ、確かにその通りだ。彼等はこの神の国へはいってくる資格はない。しかし、ただ一つ、彼等は一度たりとも神の国へ行けると、行ける資格があると自分で思ったことがなかった。だから、私は彼等をも呼ぶんだ」

こういう言葉なんですね。まあ、もう少しくわしいんですけれども、何かその一人の青年がですね、『歎異抄』の「善人なおもて往生をとぐ、いわんや悪人をや」というような言葉には、逆説どころでなく、その言葉があればこそ、弁解無用で、私が呼ばれていくんだという実感がある。それはちょうど『罪と罰』でいうならば、あののんだくれの人でなしが、神さまに呼ばれていくときに、神さまがこの人間は、神の国へ入る資格があるとは一度も思わなかったということが、神がこの人間を呼ぶただ一つの理由なんだという。こういうている意味と一つにしまして、その青年は、自分の犯した罪を思えば、とても生きていけない、思えば思うほど自暴自棄になって自殺をはかろうとする。その自殺をはかろうとする自分から、救われていくような気がする。これは決して人間の言葉ではない、仏さまの言葉である。神さまの言葉である。こういうてるんですね。

椎名麟三の述懐

ついでに申しますと、椎名麟三という作家が、やはりこのマルメラードフの言葉をひきあいに出しておりまして、そして、こんなことをいうております。椎名麟三という方はご承知でありましょうけれども、かつては左翼の運動にも参加した人なんですが、ある時、あるきっかけで、キリスト教の信者、キリスト者になったんです。ところが、キリスト教の信者になってから、ただ今申しましたマルメラードフの言葉というものが、非常に自分の心をうって、この言葉がほんとに神の愛を語っているんだと思って話した。ところが、多くの牧師さんや神学者たちが、これは神学的にまちがいだと言われた。こういう批判を多くの人からされたというんです。しかし私には、いかに神学的に間違いだといわれても、この言葉は正しいと思う。この言葉がなければ私はキリスト教は無縁のものになったかもわからない。そんなことを言うているんですね。だから「人間の中にある、貧しき人たち、孤独な人、途方にくれた人の中にやどる、この自由への、この救いへの要望、それはどんなことがあっても消しさることができないだろう。また、この人間の事実の同感なしには何ごともはじまらないだろう」と、こういうふうに言うているんですね。「そのことに同感することがないならば、人間のことがらは何にもはじまらないだろう」と、こういうふうに椎名麟三は言うているんです。

私はその言葉も合わせながら、その青年の言うた言葉が、心にやきついているんです。なにか、それこそ『歎異抄』第三条のこのお言葉の底にあるものは、ここから人間の生活がはじまる。いわばここまで人間が見つくされないならば、人間の生活は中途半端なんだ、結局は中途半端なんであって、ここまで人間の生き様が見つくされて、しかもそこからはじめて万人が平等に人になっていけるという生活がはじまる。だからこれを「人間の言葉ではない、仏さんの言葉なんですね」とその青年が言い、椎名麟三が、「もしこの言葉がなかったならば、この事実に対する同感がなかったならば、人間というものは何もはじまらないだろう」こういうたことは、『歎異抄』第三条を読んでいく上で、私たちの心の中に非常に大事なものをさし示しておってくれるのではないだろうか、とつくづく思いました。

蓮如上人は「仏法は知りそうもなき人が知る」ということをおっしゃいましたけれども、ほんとうに私はその青年のことばを聞きましたときに、そういう目をもたなければ『歎異抄』のおこころは領けないんだなあ。そういう世界から『歎異抄』が読まれないならば、『歎異抄』という書物がもっている、この何百年もの歴史の中をくぐっていつでも、今の人間と会話を交わすという力は出て来ないんだなあと、その時に思ったのです。

明るい人・暗い人

もう一人いるのです。この人はまた全然ちがう方なんですが、これは、お名前をご存知の方も多いと思うのですが、富山に、西田辰正というご老人がおいでになりますね。曾我先生の教えを非常に喜んでおられた方でありまして、二、三度お目にかかったことがありますが、お目にかかりますと、なかなかきついことをおっしゃる方でありましたけれども、「百姓の小壺」というのを、『中外日報』という新聞にときどき書いておられました。

この西田辰正さんが、曾我量深先生に一番最初にお目にかかったのが、大正の五年であったそうであります。その時にちょうどこの善人悪人ということが、お話の中に出てきたそうでありま す。その時のことを西田辰正さんが書いておられたんですが、こういうことを曾我先生はおっしゃったそうです。大正五年というんですから、まだ先生もお若いころでありますね。なにか北陸の方で会があったんでしょうか、村上専精先生なんかと一しょにご講演があったということです。その時に曾我先生はこう言われたそうです。

「この『歎異抄』でいう悪人というのは、明るい人のことである。善人というのは暗い人のことである」こう言われたそうです。その時、西田辰正さんは、自分が今まで考えてきた考え方を、底から一ぺんにひっくりかえされてしまったような気がしたというんですね。「悪人というのは明るい人のことです。善人というのは暗い人のことです」こういうことを先生が大正五年という年におっしゃったんだそうですよ。それを聞いて西田辰正さんは、それこそびっくりしたんでしょう。ほんとに天地がひっくり返ったような気がしたんでしょう。普通でいうならば、善人は明るい生活をする人だ、悪人は暗い生活をする人だ、というのが私たちみんなが普通にもっている常識というものなんじゃありませんか。その常識がなければ、世の中は成り立たないにきまっています。ところが『歎異抄』のこのお話をするとき、曾我先生は開口一番、「悪人というのは何か、悪人というのは明るい心で生きる人なんだ。善人とは何か。善人というのは、暗い心で生きる人なんだ」こう言い切ったというのですね。

そのことが西田辰正さんの心を非常に打って、その時以来、この方は大変な人だと、こう思って、それ以後ずっと先生のお話を聞きつづけてきたということを話しておられましたし、自分でも書いておられた訳なんです。このことが私には先ほどの青年の言葉とは全くちがう角度から『歎異抄』の第三条で親鸞聖人が明らかに教えてくださる善人悪人とは何かということを、はっきりさせてくださる道すじと申しますか、そういうものを教えてくださったような気がするんです。

善人・悪人のものさし

いわゆる私たちは、いつでも善とか悪とか言いますときに、一つのものさしをもっております。ところがそのものさしは、誰がつくったものさしなのかというたら、そのものさしをつくった問屋というものがないんですね。そうじゃございませんか。あいつは悪い男だとか、あの人はいい人だとか、こう言いますけれども、そういうものさしというものは、どこかに売っているのでしょうか。規格のないものさしで物をはかるということは、はかる人の方が、過ちをおかしているのではないでしょうか。よく計りをみますと、この計りは物を売り買いする時に使ってはいけませんという表示がしてあることがあります。あれは家庭用ということですね。家庭ではちょっとぐらいくるったって、少しぐらい多くても少なくても、たいして影響がないけれども、さてそれを物の売り買いに使ったら、一分一厘狂えば、それによって、商業道はくずれてしまうんです。ですからものさしというものは、一分一厘も狂ってはならないものなのです。ところが、善とか悪とかということを私たちは言いつつ生きておりますし、それなくしては生きられませんけれども、じゃあその善悪をきめているものさしは、一体どこから手に入れたものさしなんでしょうか。その問屋がどこにあるんでしょうか。ないんだと思います。

ないということを私たちは意識の底で知っているんですよ。決して知らないんじゃないですよ。みんな、これは善人だこれは悪人だというておるときに、そんなものさしは、ほんとうはどこにもないんだということを、心の奥ではみんな知っておるんだと思います。知らない人は、よほどどうかしている人だと私は思います。知っておりながら、知らない顔をしておるのじゃないかと思いますよ。知っておりながら知らない顔をして、これは善人だ、これは悪人だというて、その都度その都度ものさしを長くしてみたり短くしてみたりしながら、計って善悪を作っているのではないでしょうか。

そういうきまりのないものさしで、善人悪人を計ろうとする生き様というものに対して、曾我量深先生は、〃ウソを言うな〃とおっしゃったんでしょう。〃そうじゃない〃と。もっと正直にそういうものさしをはずして一度、善人悪人といおうとしているその心の中にある実感から、善人悪人ということを問いなおしてみたらどうなんだ。実感ですからね。実感というのは事実の感情なんですから、これはもう自分に一番よくわかっていることなんですよ。その実感から問いなおしてみると、「善人というのは、暗い心の人、悪人というのは明るい人のこと」と、ものさしの規準をはらってみたら、こういうまったく新しいうなずきがそこにある。これが私は、宗教的善悪ということの中身だと思うのです。

息苦しい生き方

そこでもう一つ例を思い出しましたが、ある時地方の宿屋へ泊りましたら、その宿屋の女中さんから、イヤなことを聞いたんです。どんなことを聞いたかと申しますと、観光旅館へ来て、女中さんが一番迷惑する三つの種類の人間がおると。はじめにおことわりしておきますが、もしさしさわりがございましたら、お許しいただきたいのです。

その三つの種類の人とは何かというと、まず第一はお坊さん。第二は先生、第三は警察官だというんですね。私はドキッとしましたね。もう僧侶と宿帳に書くのをやめようかと思いましたね。

しかし、わかりますね、女中さんの直感のするどさといいますかね。人の応対をしてですね、お世辞を言い、そしてイヤだなあと思いながらも酔っぱらいの相手をしている、その女中さんがしらふになってフッともらしたんでしょう。観光旅行で宿屋へ来てドンチャン騒ぎをしておる姿の中で、一番いやなのは坊さんの集団旅行だというのですね。その次にイヤなのは先生と呼ばれる人たちの集団旅行だと。そして警察官の集団旅行だというんですね。わかりますね。

そしてそれが、曾我先生のおっしゃる言葉とつながるんです。なぜかと申しますと、やっぱり坊さんというものは、よく言うでしょう、坊さんがあんな悪いことをしたらいかんじゃないかと。これは世の中の人からみると、坊さんは、あんなことをするものではないと、こう決められているのです。決められますと、坊さんも自分で決めるんです。そういうことをしないようにとね。ところがしないようにしようと自分で決めるんですから、自分で決めたものの中には、するというものがちゃんとあるのです。だからしていつでも、善人というカンバンをかけ続けて生きていかなければ、世間で通用しない。それが坊さんなんですね。だから、さてこれを脱ぎますと、脱いだものばっかりが集まりますと、坊さんとわからんだろうと、こうなるんですね。なったとたんに、今まで抑圧されていたものが、一遍に出てくるものですから、宿屋の女中さん、困ってしまうんです。

先生もそうですわね。先生はやはり人にものを教える人ですから、やはりきちっとしていなければいけません。やっぱり善人でなくちゃあいけません。最近は先生の規準もかわって参りましたけれども、そういうものなんでしょう。警察官も悪人をつかまえる人ですからね。これもやっぱりそうでしょう。ですからそういう人々は女中さんの側から言えば、いやな人たちなんでしょうね。しかし、私も坊さんの端っくれに加わっていますから、自分の気持をおしはかって同情して申しますと、つらいんですよ。つらいということは、いつでも裸で生きることが許されていないということなんです。だからしていつでも衣装を着続けておらなければならない。えりを正しておらなければならない。だから本来は、もっとこう、パッと裸になりたいなあと思うても、四六時中ほとんど裸の姿で生きれないというところに、いわば業を背負うておると申しますか、そういうものがあるんでしょう。ですから、息苦しい日暮らしをしているわけなんです。息苦しい日暮らしをしているからして、つい発散したとたんに、それがとんでもない形になって現われてくるわけなんでしょう。だからその女中さんからいたしますならば、日頃裸にちかい生活をすることができる人たちは、別段集団旅行で宿屋へ泊っても、格別迷惑をかけるようなことをしようと思わなくとも、楽しんでおれるんですね。

自力作善の人

ところが、一番に上げられたお坊さんというのは、やっぱり、そういうところに息苦しい生き方、そういうものがあると思いますね。だからそういう意味では、善人といわれる人たちは、暗い生き方をする人たちだ。こういうのは言葉をかえて申しますと、息苦しい生き方をしている人たちだということでもありましょうね。あるいはもっとちがう言葉で申しますならば、やはりそれなりに、裸になれないために、いつでも暗さを、実は心のうちにたたえながら生きていなくちゃならない人だということなんでしょう。その人たちが、善人といわれつつ生きていく人たちの心の中の実感じゃないか、ということなんですね。

じゃあそれなら、悪いことをする人間は明るいか、こう言われますと、ちょっと待って下さいと言わなくてはならないのです。それはだめなんですよ。なぜかと申しますと、悪いことをする人間も、やっぱりその時には、善人が悪いことをするんですから。変な言い方ですけれどね。いわゆる、悪人と知っている人が悪いことをするのじゃなくて、善人と知っている人が悪いことをするんですから、同罪ですね。ドロボウにも三分の理という言葉がありますね。ドロボウは悪い人ということになっている。しかしそのドロボウに、お前悪い人かと聞くと、やったことはたしかに悪い、悪いに違いないけれども、これにはこれこれの理由があるんですと、三分の理をつけます。

三分の理がつくというのはなぜつくかと申しますと、その三分の理は、自分は善人だというふうに思っているからして、所行は悪であっても、悪を為さしめたのは、私が全部悪いのではなくして、三分、私の方に正当性があるんだと、こういうことでしょう。そうすると悪いことをした人間は明るく生きれるということでもないんですね。

とすると、はっきりさせておかなければならないことは、心が暗いと指摘された曾我先生の善人とは何なのかということです。『歎異抄』では、はっきりとそのことを「自力作善のひと」と、こうおっしゃったんじゃないでしょうか。「自力作善のひとは、ひとえに他力をたのむこころかけたるあいだ、弥陀の本願にあらず」と、こうおっしゃっている。いわゆる善を作す人なのですが、その善を作すという、その行為の根っこに何があるかというと、自力の心がある。自力の心を根っこにして善を作す。だからしてそれがひっくりかえりますと、自力の心を根っこにして三分の理をたてて悪をなす。これは同罪なんです。

その時、自力の心とは何だろうか、親鸞聖人ははっきり自力の心ということをこういうふうに教えてくださっておられますね。自力の心というのはまず、「自らが身をよしと思う心」である。二番目は、「身をたのむ」心である。三番目は、「悪しき心をさかしくかえりみる心」である。自分の心の中に悪い心がおこると、さも善人らしい顔をして、反省しておるような、そんなふうなことができるつもりでおる心ですね。悪しき心をさかしくかえりみる心である。四番は、「人をよしあしと思う心」である。こうおっしゃっておられます。非常に具体的ですね。ひっくるめていうとどういうことなのかと申しますと、私はこういうふうにいうてしまうんです。「みせかけの生き方に終始するエゴイスト」だと。そうじゃありませんか。人に見られ、人に見せるという、そういう生き方によって一生を終始して生きていくエゴイスト、それを自力作善の人と親鸞聖人はおっしゃったのではないでしょうか。

我今愁憂す

みせかけであるかぎり暗いんですよ。ここに、その暗さの根があるんじゃないですかね。一番いい例は、あの『観無量寿経』の賢夫人、韋提希が、あの手この手と考えて我が子と夫との間をとりもとうとした、あげくのはてに、かえって自分が一室へ閉じこめられました。そのときに、はるかに耆闍崛山《ぎしゃくっせん》の方をおがんで、ロの中でつぶやくようにしていうた言葉は、「我いま愁憂す」という言葉でしたね。あれが曾我先生のおっしゃる、善人は暗いという、その暗さということじゃないですか。「われ」ほかならぬ「わたし」。そして昨日でもなければ明日でもなく、「いま」、ほかならぬ「わたしの今」。愁憂というのですから、感情です。痛いとか苦しいとか、あるいは悲しいとかいう、そういうなまの感情でなくて、なんか生活全体を覆っているような感情ですよね。なにをやっても憂いがある。何をやっても晴れない。何をやってもパッと明るくなれない。いいことをやっても悪いことをやっても、仕事にはげんでみても寝てやすんでおっても、生活全体が、暗くどんよりと覆われているような感情でしょう。我いま愁憂す、ここから実は韋提希夫人が仏陀の説法をほんとうに聞いていく道がはじまっていくわけですね。それこそ「我いま愁憂す」

というのは、自力作善のゆきづまりのところに立った韋提希夫人が実感したものなのでしょう。自力作善でいろいろやって賢夫人の力の限りを尽し、才智の限りを尽してやってみて、そしてそれが結局何の役にも立たなかったと気づいたとき、自分にかえってみたら、「我いま愁憂す」と、こう言わなくてはおれなくなる。その「我いま愁憂す」という言葉の中に、実は自力作善の人の暗さがあるんじゃないでしょうか。

変な例を出しますけれども、流行歌というものは妙なものでして、流行歌は時代を反映するといいますが、その流行歌の中で一番たくさん出てくるのは、「涙」という言葉だそうです。その次は「悲しむ」という言葉だそうです。その次は季節から申しますと「雨」という季節なんだそうです。そして「死ぬ」という言葉です。どうです、四つとも並ぶと、みんないやな言葉ではありませんか。できるだけ泣きたくない訳でしょう。泣くとか涙とかのない生活を送りたいと、いつも考えているのでしょう。あるいは悲しむというようなことはない方がいいにきまっています。もちろん雨というような季節はあまりありがたい季節じゃないですよ、気分としてですね。死ぬということはいやな言葉ですよ。そのいやなことばが、私たちが、あるいは若い人たちが、口ずさんでいる歌の中に、沢山出てくるんですよ。一番多いのはそんな言葉ばっかりなんです。一番いやな言葉を、毎日自分をなぐさめる歌の中で、歌っているんです。ということは、どういうことかと申しますと、人間はちょうど韋提希夫人が言うたように、言葉には出しませんけれども、生活全体が「我いま愁憂す」、と言いつづけているわけです。その「我いま愁憂す」と言いつづけている私の心を、私にかわって語ってくれる歌手が一人いる、私にかわって語ってくれる、詩を作った人が一人いる。その人の歌を聞きながら、私を見ているわけですね。そして慰められているわけです。いわゆる同情されながら、歌っているんです。

何も決して心うきうき歌っているわけではない。一応は心うきうきという姿をとって、実際は「我いま愁憂す」という実感の同情を、その歌手たちに求めながら生きているという証拠なんですね。だからこれはいつの時代においても変わらないんです。戦争中もそうでした。そして戦後もそうですし、今日のような時代もそうなんです。時代がよくなったからとか、時代が悪くなったからとかいうことで、そういう言葉が多くなったり少なくなったりするのじゃなくて、いつでも人間が生きているところには、そういう言葉が多いんです。ということは、それほど私たちの生活は、明るくないわけなんです。いつでも暗いわけです。さてそこまで参りますというと、もう倫理的な善人だ悪人だとかいうて、ものさしで計る必要はないんじゃないですか。私に問うてみれば、それではっきりするんじゃありませんか。私の心が今、今日明るいだろうか。私の心は今晴れているだろうか。今の私の心の中には、影はさしていないだろうか。日本晴れだろうか。こう訪ねてみますと、いやそうでない。こういう実感があるならば、そこに自力作善の人間であるということが証明無用ではっきりしてくるんじゃないでしょうか。私たちは、悪人悪人という言葉を長い間聞きすぎておりまして、みんな悪人だと思っておりますけれども、あにはからんや、ほんとうは善人だと思っておるんです。その証拠は、ものさしをはずせば、はっきりするんです。ものさしをはずせば、私の心の中が暗い、私の生活が暗い。暗いという実感だけはぬぐうことができない。その実感があるかぎり、「自力作善の人、それは、ひとえに他力をたのむ心かけたる人」なんです。そこに『歎異抄』で、親鸞聖人がおっしゃる自力作善の人という善人の事実があるんじゃないんでしょうか。だから決してものさしで計った善人じゃないんでしょう。

処理と解決

私達は、一日の自分の生き様というものを振り返ってみればわかりますように、人間には妙な能力がありまして、物事を処理していく能力はもっていますけれども、解決していく能力はゼロなんじゃないですかね。処理していく能力は十分もっているんです。みんな、それが自力作善の人の証拠なんですよ。処理能力をたくさんもっている人の方が、いわゆる健康な善人なんですよね。このことはこう、あのことはああ、ときちきちとやっていける人です。ところがそうはいかない人がたくさんいますね。いかない人を、あれはグータラだ、あれはおろか者だと、こういいます。しかし、どちらにしても本当の解決はできないのではないでしょうか。

あの韋提希夫人が我いま愁憂すと言うたのち、お釈迦さまを目の前に見てどう言ったかといえば、「我、宿何《むかし》の罪ありてか、この悪子を生ずる」と、答えの出てこないような問いを問わなくちゃならなかったんでしょう。そして、泣き叫ばなくちゃならなかったわけですよ。結局それは解決能力ゼロでしたと言うたことでしょう。処理能力はありました。あったつもりでやってきたけれども、その処理能力が解決能力でなかったと気がついたとき、「我いま愁憂す」といわなくちゃならなかった。その辺で実は解決をひきのばしひきのばしして生きていこうとしているからして、愁憂はいつまでたっても晴れないんでしょう。

ところがお釈迦さまにお会いして、仏さまにお会いをしたときに、引きのばしていっても解決は決してありませんよって、お釈迦さまのお顔が言うておられたんでしょう。言うておられたお顔を見たとたんに、そうでしたと。解決能力がゼロでしたっていうことが、号泣して「我、宿何《むかし》の罪ありてか、この悪子を生ずる」という言葉になって、飛び出してきたわけでしょう。そういたしますと、人間というものは、いつでも解決を先へ先へとのばして、何とか処理しようとして、いのちの終るときまで、そうやって生きていこうとするのですけれども、さるべき業縁の催しの中で、それができなくなるという、生き様をしているからして、いつでも暗いんじゃないでしょうか。自力で善処していく、自分で処理していこうとしつづけていくところに、どうしても明るくなることのできない、私があるんじゃないかと思いますね。とすると、さるべき業縁の催しの中を生きる限りにおいて、時には悲しまなくてはならない。時には泣かなくてはならない。時にはもう、本当に死んでしまいたいと思うようなこともあるかもわからない。一生の間にどんなことがやってくるか、予測もつかないし、期待もできない。そういう、どんなことがやってくるかわからない生き様を生きている私が、一生を明るさを失わずして生きていける道がもしないならば、人として生まれたということは、どういうことになるんでしょうか。この辺に私は、「自力作善のひとは、ひとえに他力をたのむこころかけたるあいだ、弥陀の本願にあらず」とこうおっしゃって、そこに善人という言葉を私たちが使っている、その善人の姿を人ごとでなく、特別の人のことではなく、私たちの生き様の、まっただ中に見つめなくちゃならない実相として教えて下さっているのではないだろうか、と、こう思うわけであります。（一九七三・二・一二）

二

わが御身にひきかけて

第三条はとくに、私たちの心に直接に感応するものがありませんと、本当には納得するということのできない一条ではなかろうか、ということがしきりと思われます。ところがまた、その感応する心が開かれますと、第三条ほど何の理屈もいらない、まったくその通りですといただくことのできる一条もない、と思うわけです。そういう意味では、難中之難という言葉がありますが、人間の能力とかはからいといったようなものの、まったく手の届かないところから語りかけられてくるような教えであって、だから、私たちがどれほど頭をひねっても了解し切れないような難しさがあるということを、最近ことに思い知らされるわけであります。とくに善人・悪人という、いわば私たちの日常生活がまったくそのことにかかわり果てている事実を押えて語られているわけです。『歎異抄』の最後の方の文章のなかに、例の、

弥陀の五劫思惟の願をよくよく案ずれば、ひとえに親鸞一人がためなりけり。されば、そくばくの業をもちける身にてありけるを、たすけんとおぼしめしたちける本願のかたじけなさよ。

という聖人ご自身の述懐のお言葉をそのまま唯円は、

されば、かたじけなく、わが御身にひきかけて、われらが、身の罪悪のふかきほどをもしらず、如来の御恩のたかきことをもしらずしてまよえるを、おもいしらせんがためにてそうらいけり。

といただいて、その聖人のお言葉に照らして、

まことに如来の御恩ということをばさたなくして、われもひとも、よしあしということをのみもうしあえり。

と、自分たちの在り様を深く顧ておられますね。私はあの一段の文章を拝見しますと、いつも何

ともいえない深い感動をおぼえるんです。

大体、親鸞聖人ご自身は決して他の人に本願の有難さを知らすために、あんなテクニックを使ったのではないのでしょう。そうではなく、文字通り「阿弥陀さまのご苦労はこの親鸞一人のためのご苦労であったのか」と、かぎりない謝念をもって述懐されたのでしょう。ところが、そのお言葉をそのまま「かたじけなく、わが御身にひきかけて」という、親鸞聖人の九十年の御身のご苦労を試金石として、証しの場として、私たちに自身の罪悪と如来の恩とがわからないままで平気で生活していることの浅間しさを知らせてくださったのだといただいたわけでしょう。そのわからないことというのは一体なにかというと、まず「われらが、身の罪悪のふかきほど」である。『歎異抄』というお聖教は言葉使いが非常に厳密なのです。言葉使いが厳密だということは、その領解に一点の曖昧さもないということの証拠だと思います。ここでも「われらが、身の罪悪のふかきほど」と書いてある。ほどというのは程度というように、はかるということがあるわけでしょう。つまり、私たちは罪が深いとか悪人だとか口では言ってますけれども、大体この程度といったところで、そう言っているんじゃないですか。「無有出離之縁」ということがあるが、私たちは底なしのわが身の罪などには触れていない。ある程度のところでもって、罪悪深重だの、悪人だのと言っているのでしょう。だから、本当のわが身の罪悪の深きほどを知らない、わが身の罪悪の深さのほどは底なしであるということを知らない。だからしてまた「如来の御恩のたかきこと」をも知ることができない。ここでも「たかきこと」と言うていますね。ことというのは事実ということでしょう。決して特別の事柄ということではなく、この身が生きているという事実の全体が「如来の御恩のたかきこと」の外にはない。ここにわが身の罪悪についてはほどといい、如来の御恩についてはことと言うておられる。非常にはっきり言葉を使いわけていますね。そして「われらが、身の罪悪のふかきほどをもしらず、如来の御恩のたかきことをもしら」ないで、一体何をしているかということ、迷いに迷いを重ねているばかりである。聖人はそのことを知らせんために「わが御身にひきかけて」教えてくださったのだと、いただいているわけです。じゃあその迷っている事実とはどんなことかというと「まことに如来の御恩ということをばさたなくして、われもひとも、よしあしということをのみもうしあえり」ということである。こんなふうに言っておられます。そのお言葉によって申しますと、如来の御恩という事実を沙汰し合って生きる世界に目を開かないかぎり、人間はけっきょく善悪の沙汰ばかりに明け暮れていくことになるわけでしょう。

自力作善

そういうことから申しましても、この第三条は決定的な難しさということが感じられるわけであります。そこで、どのようにして第三条をお話したらいいものかなと困っておりましたのですが、この第三条を読んでいく目を開いてくださった方が二人見つかったわけです。そのことは先月も話しましたが、一人は酒のうえのあやまちで友人に大けがをさせてしまった青年が、この「善人なおもて往生をとぐ、いわんや悪人をや」という言葉に無限の愛の語りかけを聞いて、自殺を思いとどまったという告白であります。この一言が自殺をして犯した罪から逃げようとするような生き方から一転して、犯した罪をしっかりと自分の人生の事実として背負い切って生きる人間に転じさせたわけであります。世間一般の常識の目からみると、さかさまじゃないかと考えられるようなこの言葉が、常識の手が届かないところに身をおかざるを得なくなったとき、その人間にとって無限の愛の言葉として、新しく生きる力を与えてくれるものとなったわけです。人間を再生せしめるような無限の愛のはたらきを、仏教では慈悲と申しますが、その慈悲ということについては次の第四条に示されているのですが、そのもとが実はこの第三条にあるということを、私はひとつの実感として感じさせられるようになりました。それが、第三条を頷く目を開いて下さった一人の人であります。

そして、いま一人の方は富山県に住んでおられる西田辰正さんというご老人の言葉です。西田さんが大正五年に曾我先生のお話を聞いて、そのとき、第三条で語られている善人とは暗い人のことであり、悪人といわれる人は明るい日暮しをする人のことだと教えられて、自分の人生観が一転したという述懐であります。先月はこんなことを中心にして、ことに善人の暗さといったようなことをお話したわけです。

まあ、それから後、いろいろと考えさせられたわけですが、暗い人とか明るい人というような言い方は、感覚的といえば感覚的な言い方であって、決して理論的な分析ではないのでしょう。しかし、その感覚的な言葉のなかに、実はいやおう言えない現実の指摘がある。つまり、事実だけがもつひびきというものがあるのですね。この事実を第三条では「自力作善のひと」という言葉で押えて、その暗さの理由をはっきりさせているわけです。決して善がわるいとか、善をすることがいけないとかいうような、行為そのものの問題ではなくて、その善が「自力作善」である。自力作、自力でなすということがあるかぎり、どんなに善行をつんでも、その全体がその人自身を明るくさせないということをはっきりさせておられるわけですね。

ではその自力の心で善をなすというのは、どんなことなんだろうか、なぜ自力の心で善をなすと、その人自身の人生が暗くなるのだろうか。そのことを親鸞聖人は、自力の心はみせかけの心だからだ、とおっしゃるわけでしょう。みせかけの心と申しましても、決して特別に他人に見せかけようと意図してふるまうというようなことではないと思います。そうではなくて、ほんとうの自分自身に会えないかぎり、人間はみな見せかけ以外の生き方ができないのではないでしょうか。ほんとうの自分自身に出会えないかぎり、どんなに力んで正直に生きていると主張してみても、正直に生きているんだという見せかけでしかないんじゃないかと思います。そういう意味での見せかけの心、それを、自力の心とおっしゃるのじゃないでしょうか。では、それはどんな心かというと、「大小の聖人・善悪の凡夫」が「自らが身をよしと思う心」であり「身をたのむ」心であり「あしき心をさがしく省みる」心であり、そして「人をよしあしと思う心」である、というふうにおっしゃいます。これは、どうしたって特別な人の心ではないでしょう。ほんとうの自分自身に会えないかぎり、人間は必ず仮りの自分で生きていかねばならない、そのかぎり見せかけ以外のなにものでもない。それを聖人は「自力作善」と、こう言われたのだと思います。そういたしますと、生きているということが仮りの自分であるかぎり、いつでも見せかけで他を意識していなくてはならない。だから明るく生きようにも生きられない。これは小学校の子供でも解る道理じゃないですか、別に難しく考え込まねばならないというようなことではありません。

鬼　神

適当な例かどうかわかりませんけれども、ファッションということがありますね。先日もある女子学生が「男の人はいい、いくら洋服のスタイルが変ったといっても、大同小異で、襟が広くなるか狭くなるか、ネクタイが広くなるか狭くなるか、その程度であって、あんまり変らないかららいい。私らは毎年流行が大きく変るから困る」と言いますから、私は「毎年変りはせんよ、毎年変えられておるだけだよ」と言ったのですが、変る必然性はどこにもないのだが、誰かによって変えられているのでしょう。変えられているということは、いつも見せかけの自分で生きているからで、その見せかけの心をうまい具合につかまれて、今年の流行色はこれだ、トップモードはこれだと宣伝されると、ついそれに合わせて自分を変えていかなくてはならなくなる。合わせていかないと気恥しくて人前へも出られない、といった具合になるんじゃないでしょうか。言ってみれば、いつでも借着をして歩いているようなものでしょう。借着であるかぎり安心して歩くこともできない、ということになるのでしょう。あまりいい例じゃありませんが、「自力作善のひと」という言葉で、そういう人間の生き様を言い当てられているのでありましょう。

ほんとうの自分に出会うということがございませんと、私たちは起ってきたできごとを処理していく能力は一応もっているようですが、解決する力がまったくないということに気がつかないのですよ。だからただ、こちらのものをあちらへ移動しているだけですから、大地はちっとも変っていない。変ったつもりでも、すぐその後から不安になる。問題はこの不安なんですね。痛いとか苦しいとかつらいとかいうことよりも、もっと大きく深い人間の問題は、この不安ということなんでしょう。この不安が人間を暗くするんです。だから、この不安から解放されて、ほんとうに晴天の下を生きるような、そういう明朗な生き方をするには、私自身がどうなればいいのか。そういう問題を明瞭にしているのが、この第三条の主題だと言ってもいいのでしょう。

自力作善の心というものを、こんな具合にいただきますと、ほんとうの自分自身に会うということの問題の深さと共に、具体性の厳しさということを思います。私は生まれながらにして私自身であって、私自身以外のなにものでもないことだけは間違いのない事実であります。しかし、この間違いのなさは他人から見れば間違いがないのであって、自分の目で見ようとすれば、どんなものよりも一番遠い事実なんです。私自身の身の事実は私の思いからすれば一番遠い。その遠さは阿弥陀さまが遠いのと同じ遠さをもって遠いんですね。こういう生き様のところに大地に足のついていない不安があるのであり、この不安が実は迷信の温床にもなっているのではないでしょうか。不安を解決することができないために、自分の力で処理し切れなくなったとき、なんとか他の力によって処理してもらおうという、まことに虫のいい根性が顔を出すことになるのでしょう。

その点になると親鸞聖人はずいぶん厳しいことを言われます。ことに『教行信証』の「化身土巻」の末巻では、人間がほんとうの自己自身に会い、如来に遇うということがなければ、人間は必ず鬼神につかえて生きるようになる。だから、鬼神から解放される唯一の道は、如来に遇い、自己自身に会うことだとして、「仏に帰依せば、終にまたその余の諸天神に帰依せざれ」と、はっきり言い切られる。そして、鬼神の正体をこんなふうにおっしゃっておられます。大体のことを申しますと、「『鬼』の言は尸に帰す」といい、その「尸」という字にシとカバネという訓をつけておられます。つまり、鬼の言葉は人間を屍に帰してしまうものだ、ということです。そのことを「古《いにしえ》は人死と名づく」で、昔の人も「人死」つまり、生ける屍というふうに言うた、といわれるのです。つまり、人間を生ける屍に変えてしまって、本当に生きているといういのちの事実に触れさせせないのが鬼の言葉だと、こうおっしゃるのです。非常にはっきりしたお言葉ですね。そして、その鬼の言葉が人間を生ける屍に変えていくありさまについて、誰でも一応は一番よくわかるのが天神地祇だとして「天神を『鬼』と云う、地神を『祇』と曰うなり」という。別に天の神、地の神が悪いというわけでもないのでしょうが、その天神地祇に依りかかって楽をしようという根性が、ますます自縄自縛というかたちで、天神地祇に運命を左右されることになる、とおっしゃるのです。

ところが、鬼の言葉は天神地祇というようなはっきりした形をとるとはかぎらない。「形あるいは人に似たり、あるいは獣等のごとし」といわれる。大体、鬼が角を生して出てくるのであれば、これは危いぞとわかるんですが、そうとはかぎらない。ほんとうは角を生やしていない鬼の方が恐ろしいんです。ことに人間という姿で現れる鬼がいる。あるいは獣等で、たまたま獣で代表させていますが、その等というなかには無数の鬼がいるわけなんでしょう。それこそ変現自在である。しかし、どんなに姿を変えてあらわれようとも、鬼の正体だけははっきりさせておかなくてはならない。では鬼の正体とは何か。「心正直ならざれば、名づけて『諂誑《てんおう》』とす」と言うて、その「諂誑」という字に「ヘツラウ、クルウ」と訓をつけておられます。心が正直でないならば、つまり、ほんとうに自分自身の二本の足で大地を踏んで歩いていこうという、人間であることの心根が不正直であると、いつでも鬼の言葉にへつらい、やがて、それによって人間として生きる道を狂わされて、一生を生ける屍として無駄に終らされてしまうことになる。これが鬼の言葉の正体なんだと、こうおっしゃっておられます。

唯我独尊

さて、その鬼に出会うのはどこで出会うのか、その鬼を退散させるのはどうすればよいのかというと、その道は一つしかない。しかも言葉でいえば簡単な一言でおわってしまう。しかしその一言のために人類の歴史は悪戦苦闘して来たと言うてもいいのでしょう。ギリシャに始まる西欧の思想も、「汝自らを知れ」という一言からして今日まで、それ一つを明らかにしようと歩き続けてきたと言えるのでしょう。ところがこの自己自身がどうしてもわからないために、やっかいなことになっているわけです。お釈迦さまもまた「貴方自身を知り、貴方自身に帰りなさい」という一言をご自身の唯一の問いとなさったわけでしょう。仏伝によりますと「天上天下唯我独尊」ということが、仏陀誕生の時の言葉である、ということになっています。仏陀は誕生するや七歩を歩いて「天上天下唯我独尊」と天地を指さして叫ばれたということです。これはどういうことかといえば、一言で申しますと、「ああ、私自身がわかった」ということでしょう。大体、あれは仏陀（覚者）の誕生であって、ゴータマ・シッダルタと呼ばれる一インド人の個人の誕生の描写ではないんでしょう。個人の誕生の叫びならおそらく万国古今を通じて「オギァー」でしょうね。その「オギァー」で始まった人間が仏陀、目覚めたる人と成ったとき、天の上にも天の下にも絶対に独りの存在として、今、ここに、私としている。それは、他の誰かに代ってもらいたいという思いで生きる必要もなければ、他の誰かと比べて見せかけの生を生きる必要もない。私は私以外のなにものでもないし、また私以外のなにものになる必要もない。私は私であることで充分なのであり、私が私であることほど有難いことはない、そういう自己自身にほんとうに頷けたとき、はじめて「天上天下唯我独尊」と叫ぶことができたのでしょう。これが仏陀の誕生の叫びであります。そしてそれこそ、ほんとうの自分自身に出会った人の無上の喜びと確信に満ちた叫びであるに違いありません。

そういうことから考えますと、善人の生き様が暗いというのは、自力作善の心で生きようとするから、自分自身の大地に足がつかず、いつも外物他人に心をうばわれて右顧左眄《うこさべん》しつづけるからであります。幽霊の正体みたり枯尾花、という言葉がありますが、正体を見究めないかぎり不安は去らない。だから、すすきが風にゆれているのを見ても、ふるえなくてはならんのです。側へ行って見れば何のことはない。ほんとうに正体を見れば、なんだ、こんなことでどうしてふるえあがっていたのだろう、と思うほどに馬鹿らしいことであっても、そのことのために、人間は一生を棒にふることさえある。そういう人間の生きざまを「自力作善のひと」といい、曾我先生は、その自力作善のひとの生き様を暗い、と、こうおっしゃったのであろうと、私は了解しているのです。少々くどいようでしたが、この辺をはっきりさせておきませんと、いろいろと妙な誤解が生じてきますから、あえて繰り返して申し上げたわけであります。

自力のこころをひるがえす

じゃあ、その自力作善の暗さから、どうしたならば解放されるのか、言葉をかえて申しますと、ほんとうの自分自身には、どうしたならば帰ることができるのだろうかと申しますと、『歎異抄』は、

しかれども、自力のこころをひるがえして、他力をたのみたてまつれば、真実報土の往生をとぐるなり。

と、こういう言葉で教えてくださるわけです。で、ここに大きな問題として、二つのことがございますね。一つは、自力のこころをひるがえすということです。自力のこころをひるがえし捨てるということがあります。そしてもう一つは、真実報土の往生をとぐるということです。まあこんなふうに問題の所在を明らかにするために、一応二つと申しましたが、具体的な事実としては一つのことなのです。つまり、自力のこころをひるがえし捨てれば、おのずからに明るい人生が開かれてくる。自力心がひるがえれば、もう私の手をかける必要のない、真実報土の往生をとぐる身におのずからにしてなることができる、こういうことですね。

いつも言うことでありますが、自力の心というものは、聖人も「自らが身をよしと思う心」と

いい「ひとをよしあしと思う心」と言うておられるように、思う心、つまり、思いなんです。ところが、その思いをもって事実を動かすことができないことだけは明らかです。思いをもってしては一点一画も変えることのできないことを事実というのであります。ところが私たちは、その思いで、一点一画どころか全体を変えることさえできるつもりでいるんでしょう。いつも、このつもりでいるもんですから、こんなはずではない、ということになってしまうんですね。思いでは寸分も変えることのできない事実を生きておりながらも、思いそのものは身の事実を変えていけると、どこかで考えているし、また変えようとする。そして、変えていけないことをみては、おかしいなあと頭をひねっている。こうした本末顚倒の人生を送っているわけですね。だから、身の事実の世界へ帰るためには、この思いをひるがえし捨てる以外に道はないわけです。

ほんとうに、思いは浮気なものですが、身は正直なものです。思いは浮気で、いつでも大地をはなれて浮遊していますけれども、身は決して浮くことがない。誠実に事実を生きるものを身というのです。だから、身は一服することもなければ、また焦るということもない。二十四時間なら二十四時間を着実に一歩一歩生きて行きます。ところが思いのほうはそうはいかない。今日の話はずいぶんと長かったなあと思おうとも、アッというまにすんでしまったと思おうとも、一時間は一時間なのですが、思いの時間は長かったり短かかったりしますね。しかし、身は一時間を一点一画も誤魔化さないで、一休みもしないし焦りもせず、与えられたまんまを着実に生きつづけていく。一歩一歩大地を踏みしめて歩きつづけていきますね。ところが、思いの方は長い時間と短い時間とがあります。しかし、どうしてこんなことになるのか、一応はわかるようですが、再応考えてみると、まったくわからない。逆立ちして考えてみてもわからない。いや、思いをもって考えれば考えるほどわからなくなることを、身の事実というのでありましょう。

平常の心からの語りかけ

この身の事実が考えれば考えるほどわからなくなる、ということについて、非常に具体的に教えてくださったのが、あの第十三条じゃないかと思います。第十三条というのは第三条と合わせ鏡になっている章ですから、この第三条の教えが、それを聞いた人の身にピタッと定着したときの、その火花を散らすような教えと応答との出会いのすがたが、あの第十三条の御物語になっているわけなのでしょう。親鸞聖人のお言葉もここではずいぶんと厳しいものになっている。ある意味では危険ではないかと思われるような表現で語りかけておられます。しかし私は、あの時の親鸞聖人の表情というか、態度というものを、自分勝手に心に描いてみているのですが、大体、聖人のお顔にしても体つきにしましても、いかついというか、がっちりとしておられますね。やはり、あの動乱と飢饉とのなかを田舎の人々と共に生き抜かれた方のお姿です。だから、ほんとうに不動心をもって生きぬかれたお顔つきだと、一面ではそう思います。と同時にまた、その動乱と飢饉とのなかを九十年も生き切ることのできるような方は、決して神経質な性格ではなかったに違いない。どこか心の奥に柔軟で順応性の豊かな和らぎをもっておられ、ひょっとすると案外にひょうきんなところもあったのではないかなあ、と思うこともあります。とても神経質ではあの時代を九十年も生きつづけることはできないでしょう。そんなお方だから人生における最大問題を話される場合にも、妙に深刻なお顔をなさらないで、サラッとお話になるような方ではなかったかなあ、とも考えてみたりするのです。

あの例の山伏弁円が、親鸞聖人を殺そうと思い、頭をカッカさせて草庵へとびこんで来たときでも「聖人左右《そう》なく出会いたまいにけり」で、なんのことはないというお顔をして出て来られた、と『御伝鈔』には書いてありますね。まったく無防備で出て来られた。しかしね、あの顔つきで「左右なく」出て来られれば、弁円のほうがちぢみ上るのじゃないでしょうか。思い出しましたが、曾我先生が「背水の陣も、陣は陣だし、八方破れの構えも、構えは構えだ」とおっしゃったことがありますが、「左右なく」ということは、その陣も構えもないことでしょう。しかし、陣と構えで身を固めている人間にとっては、この無防備の人ほど恐ろしい人はないのじゃないでしょうか。聖人のお心は、山伏弁円が刀をひっさげてとびこんで来ても、それと一緒に逆上するようなことはない。聖人の晩年のお手紙など拝見しますと、明法房と名のってお弟子になった弁円を、ずいぶん信頼し愛しておられたご様子がうかがわれますが、何か私には二人の出会いの時の感応といったようなものが、生涯を貫いていたような気が致しますね。

話が妙なところへ飛んでしまったようですが、聖人はほんとうに大切な事柄を明らかにしようとされるときには、きわめて平常のお心であったと思います。一点を間違えたら、それこそ何のために仏法を聞いてきたのかわからなくなるような大事な問題について話されるときには、その平常のお心でお話になったのだと思います。大体、深刻ぶったり、厳格ぶったり、大袈裟なふるまいをするのは眉唾物じゃないですか。ともかく、平常の心をもって話されたからこそ、あの第十三条の教えが唯円の身についたのでしょう。だから唯円は、親鸞聖人ご自身の書かれた物のなかにはほとんど出て来ない宿業という言葉を用いて、これこそ師親鸞聖人の人間観なのだと、自信をもって言い切られたんだと思いますね。

第十三条の問答

ところで、あの第十三条では宿業の身ということを教えられるのに、聖人は殺人ということを例に出しておられますね。いつも思うことですが、おそらく古今東西を問わず、少なくとも宗教についてものを言われる人で、その一番大切なことを明らかにするのに、人殺しというようなことをあんなかたちで大胆に話された人は、親鸞聖人以外にはないんじゃないでしょうか。聖人は唯円に向って「唯円房はわがいうことをば信ずるか」と問いかけて、「さんぞうろう」という唯円の返事を引き出していますね。唯円は「お師匠さまのお言葉ならば、たとえどんなことでも信じます」と真正直に答えたに違いない。ところが聖人は、ちょっと意地が悪いと思えるくらいに「さらば、いわんことたがうまじきか」と念を押しています。そうなれば「一言はございません」と、唯円もきっぱり答えられたに違いないでしょう。しかし、この確認のうえで「たとえば、ひとを千人ころしてんや、しからば往生は一定すべし」と、こう言い出されるわけです。

ある外国人が、日本にはとんでもない宗教がある。〝人殺せ、助かるぞ〟というているそうだがとんでもない話だと言っていた、という話ですが、それは翻訳がまずかったということではないんじゃないかと思います。「たとえば」という仮定の言葉があっても、そのひびきは〝人殺せ、助かるぞ〟と聞えてくるようなものがあるのです。実は、ここまで言われないと、人間の本音は出ないんでしょう。だから聖人のこの言葉を聞いた途端に、「おおせにてはそうらえども、一人もこの身の器量にては、ころしつべしとも、おぼえずそうろう」と唯円の本音が出た。本音というのは、必ず自分で注釈をつけて自己弁解をするということです。唯円もその通りで「私は決してお師匠さまの教えには背きません。たとえ火の中、水の中へでも飛びこんでいきますが、この身の器量ではとても人殺しなどできそうに思えません」と「この身の器量にては」という注釈をちゃんとつけているわけです。その返事に対して聖人は、

さてはいかに親鸞がいうことをたがうまじきとはいうぞ。

と強くだめ押しをしておいて、はじめて人間の実相を教えられるのです。

これにてしるべし。なにごともこころにまかせたることならば、往生のために千人ころせといわんに、すなわちころすべし。しかれども、一人にてもかないぬべき業縁なきによりて、害せざるなり。わがこころのよくて、ころさぬにはあらず。また害せじとおもうとも、百人千人をころすこともあるべし。

と、業縁のもよおしによって生死する人間の正体を、一点の曇りもない言葉をもって言い切っておられる。自我の心でどう思おうとも、自身の事実は業縁のもよおしに順っていく。だから自我の心というものは、こうして業縁のもよおしによって生きる我が身の事実については、まったく盲目なのです。無知盲目のまんまで今日を生きているという事実を聖人は、殺人というような大それた事を目の前に突きつけるようにして教えられたのです。

何かそうまでおっしゃらなくてはおれないというところには、人間が我が身の事実に帰るということが、実に難中之難のことであるということを、聖人ご自身が一番よく知っておいでになったに違いない、ということを思わせられます。一番よく知っておられたからこそ、信頼する弟子唯円に、どれほど一生懸命に仏法を聴聞していても、その中に聞いているというつもりの心がかくれている、そのつもりの心から解放される道を明らかにしようとして、あんな殺人という例まで出して教えられたんだと思います。「たとえば、ひとを千人ころしてんや」と聞いた途端に、聞くつもり、聞いて来たつもりが「この身の器量にては、ころしつべしとも、おぼえずそうろう」と、前面に飛び出して来たのです。この事実を押えて聖人は「これにてしるべし」とおっしゃったのでしょう。思いは業縁のもよおしの前にはまったくの無力である、という事実に盲目のまま善だの悪だのということを言い合いながら、傷つけたり傷ついたりして生きている。そこには、いつも自分自身の正体に目をつぶって生きているという人間の生き様がある。その正体を「わがこころのよくて、ころさぬにはあらず。また害せじとおもうとも、百人千人をころすこともあるべし」と、白日の下に晒したのでありましょう。この第十三条のお言葉で、この第三条の教えの具体的な事実を明らかに頷かせてくださっているんだと思います。それこそ、我が心、私心で我が身を解釈し、その私心が持つ善悪の物指で我が身の事実を計っていこうとすることの無効さということを、徹底して思い知らせてくださったのだと、思うわけであります。

平等感情

ところで、自力のこころをすてる、くわしく申しますならば、「自力のこころをひるがえして」ということですが、その自力の心をすてるということを、親鸞聖人は、

「自力の心をすつ」というは、ようようさまざまの大小の聖人・善悪の凡夫の、自らが身をよしと思う心をすて、身をたのまず、あしき心をさがしく省ず、また人をよしあしと思う心

をすてて、一向に具縛の凡夫・屠沽の下類、無碍光仏の不可思議の誓願・広大智慧の名号を信楽すれば、煩悩を具足しながら無上大涅槃にいたるなり。

と述べておられます。これが「自力のこころをひるがえして、他力をたのむ」ところに開かれる「真実報土の往生をとぐる」現実なのでしょう。つまり、煩悩を具足しながら無上大涅槃にいたる道が、真実報土の往生をとぐる人生なのですね。しかもこの「煩悩を具足しながら無上大涅槃にいたる」という道は、漁夫、狩人、商人、農民という当時の社会機構のなかで、文字通り「石・瓦・礫」のごとくあつかわれて「下類」と呼ばれ「悪人」と言われ「非人」と軽蔑されつつ生きなくてはならない人びとを、「我等」と呼んで生きようとしたところに、具体的に見開かれた仏道だったのです。それは、それまでの仏教のように、日常の生活、なりわいの外に、なにか特別の修行というようなものを自分に課して成仏しようとすることではなく、「具縛の凡夫、屠沽の下類」がその生き様のまんまで、ただ本願を信じ念仏を申すところに、おのずからに開かれてくる普遍の成仏道です。

わたしは、いつでも親鸞聖人がこういう下積みの生活をしている人びとばかりをひきあいに出されて、そしてそこで、人間の平等の救いということを言わずにおれないお気持を、非常に大切なことだと思うのであります。人間の平等ということは、今日でもよく言われることなんですが、それを、どのような感情のなかで言うかということが大事なことなのでしょう。たしかに平等という事柄は、どのような差別もないことであって、そういう意味からすれば、とくにこういう生き方をしている人びとばかりを問題にすることは、かえって差別の意識ではないか、というようなことも考えられないことはありません。考えられないことはありませんが、けっきょくそういう平等思想というものは考えられたものにすぎないものであって、平等ということを言わずにはおれない感情がないわけでしょう。それを言わずにはおれず、それを行わずにはおれないという、いわば、たんなる思想ではなく、身を動かさずにはおれないようにするものは、生きつつあるいのちが具体的に感ずる実感なのでしょう。実感が無ければ身は動きません。身が動かないかぎり、平等というようなことを言うても、ひとつのお話に終ってしまうだけなんです。もちろん、身が動くということは、ただ行動をとるというような単純なことだけをいうのではありません。一番大切なことは、それによって本当に平等感情を身につけて生きる人びとを、明日ではなく今日生み出すような道を見開くことではないかと思います。しかも、その道を徹底するということなのでしょう。でないと平等平等ということを言うたり、平等の社会をつくるために行動をすると致しましても、いつのまにかその全体が、具体的には新しい差別的人間をつくってしまう、ということにすらなる。

差別の心

仏教というものは、もともと平等思想なんですから、親鸞聖人もそんなことぐらいは充分ご承知だったわけです。ただその平等ということが人間の生きていく人生のうえに、どこで具体的に実現されるか、どういうかたちで実現されるのかということが、一番大きな問題だったんだと思います。もっと別な言い方をするならば、人間の平等性ということをどこで確かめるかということこそ、聖人が問いつづけたことだったと思います。実は聖人は、人間の差別意識がつくり出した当時の社会機構のなかで、社会の一番底辺におしやられて生きている人びと、つまり「石、瓦、礫」のようにあつかわれている人びとを「我等」と心の底から頷くことのできたとき、そこにはっきりと平等ということの原点を見定めたのだと思います。

ですから親鸞聖人が下類とか非人とか悪人ということを言われるという、そのことだけを近視眼的に見て、親鸞聖人が現代に生まれていたならば、おそらく社会改革の先頭に立つような人だったのだろう。しかし残念ながらあの当時は今日のように社会科学的な考え方がなかったために、仏教によらなくてはならなかったのだと、いうようなことを言う人がありますが、わたしは、それは勝手な推察であり、余分なおせっかいだと思います。なにも仏法は社会科学の代用品ではないんですからね。つまり、人間の理知を第一として考える考え方の中にあるものの代用品ではありません。聖人は人間の理知を立場とする考え方を自力の計いと言うたのであり、その自力無効のところで仏法を聞いたのですからね。この辺のところをはっきりさせておかないと、聖人のおこころに触れることはできないと思います。

しかし、だからといってただ平等思想をふりまわしているのではありません。聖人はあくまでも社会の底辺を生きていかなくてはならない人びとを「我等」と呼ぶ人となったとき、はっきりと人間の平等ということの正体を見定められたんです。そのことによって聖人は、そういう底辺を生きる人びとを下類だ悪人だ非人だと侮蔑しながら、のうのうと生きている人たちの浮き足だった生き様を見たのでしょう。そしてそこに、先程からお話しております自力作善ということの、きわめて具体的な現実を知ったのだと思います。自力作善とはうちに押えて言えば、人間の差別の心なんでしょう。われ賢しという思いは、他を愚かものと見るでしょうし、われは善をなしていると考えれば、他の悪ばかりが目についてくるといった具合ですね。ですから聖徳太子は「我必ずしも聖にあらず、彼必ずしも愚にあらず、ともにこれ凡夫のみ」とおっしゃったのであります。その「凡夫」とは「ただびと」ということですから、その「ただびと」ということを、どこで確認するかということこそ大切なことなんです。聖人はそれを下類、非人、悪人と呼ばれながら生きている人びとのうえに見定めた。つまり「さるべき業縁のもよおせば、いかなるふるまいもすべし」という人間の質というか、一番たしかな証拠をその人びとの生き様のうちに見ることによって、具体的な人間の平等性というものを明らかにされたわけです。こんなに具体的なかたちで平等ということ、逆に言えば人間が人間を差別する事実の本質を見破った方は、他にちょっとないんじゃないでしょうか。そういうことが思われてなりません。

そういうことを考えておりますと、親鸞聖人が「我等」と呼びつつ生きたこういう人たちは、いわゆる思いというか、観念では一時も生きられない人たちなんだなあ、ということがこと改めて思い知らされるわけです。極端な言い方になりますが、親鸞聖人の実感としては、この人たちに会うことによってはじめて霞を食っては生きられない人間、つまり、夢想や観念によっては生きられない人間の実存性ということを教えられたと言ってもいい。つまり、観念や夢想で生きているのは、大地を歩くことを知らない夢遊病者みたいなものだと教えられたのでしょう。漁夫といっても文字通り板子一枚下は地獄という荒海へ木葉のような舟で乗り出していって、そこで「生きたるものを殺しほふる」ということをしなくては生きられない人びとです。しかも、それを好きこのんでやっているわけではない。そうしなければ自分のいのちが保てないだけではなく、家族のいのちも保持できない。あるいは狩人といってもそうでしょう。おそらく粗末な道具をつかって、猪や鹿と命のやりとりをして今日一日を生きねばならない。だから自分がやられれば自分一人の生命が失われるだけではなく、家族全員が路頭に迷う、そういう生き様ですね。いわば自分の命とひきかえにするような瀬戸際で毎日を生きている、そこには命がけという言葉が観念ではなくて、文字通りの生き様となって生きるということの正直さを、親鸞聖人は驚きをもってはじめて知ったのだと思います。

海の感覚

最近、北陸へ参りましたときに、聖人にとっての海の感覚ということが、なにか非常に新しいこととして念頭に浮んで来ました。これまでにも、諸先生からよく聞かせていただきもし、わたし自身もときおりお話をしてきたことなんですが、なにか非常に新鮮なものとして感じられてきたのです。親鸞聖人にとって海とは、北越の海だったに違いない。しかもその海は冬の海だったに違いない。聖人も九十年も生きた方ですからいろいろの海を見ただろうと思いますが、聖人の胸に焼ついていた海は北越の冬の海だったと思われてならないのです。今日でも時化《しけ》になると舟が出せなくなるような、そんな冬の海へ乗り出していかないと、生きていくことができなくなる人たちのすさまじいまでの生き様をはじめて知った聖人にとって、海というものはどんなふうに感じられたのだろうか。また機会を改めてそのことをじっくり考えてみたいと思っているのですが、ひとつ念頭に浮んでまいりますことは、『教行信証』の「行巻」に出てくる「一乗海」という言葉についての了解であります。そこに、海についての解釈が示されていますが、そこでは二つの内容として海の性格を明らかにしておられます。それは、転成ということと不宿ということです。転成ということはどんな川の水も一たび海にそそげば一つ潮《うしお》に変るということですが、これはまあ、多くの経典や論書にもしばしば出てくる例なんですし、よくわかることであります。その例によって念仏が転成の智慧として働く一仏乗であるということを聖人は明らかにしているわけで、この方はいま特に申すこともないのであります。心にかかるのはいま一つの不宿ということです。これも、曇鸞大師の『浄土論註』のなかに出ていることには違いないのですが、わたしには、この不宿ということが聖人に実感として頷けたのは北越の冬の海を見てからだと思うのです。

不宿ということは宿さない、とどめておかないということです。宿さないというのはどういうことかというと、

二乗雑善の中下の屍骸を宿さず。いかにいわんや、人天の虚仮邪偽の善業、雑毒雑心の屍骸を宿さんや。

とおっしゃっておられますが、まあ一言でいえば自力作善の心の屍骸をも宿さないということでしょう。屍骸すらも宿さず白日の下に晒してしまう。そこに海の性格がある。この不宿という海の性格を聖人が実感をもって頷いたのは、流罪生活のなかで見た海の事実を通してだと思います。なぜそんなことを言うかと申しますと、わたしは、聖人はしばしば土左衛門を見たに違いないと思うからなんです。海の広さとか深さというようなことはわかっても、そのおそろしさはそう箇単に実感されないものだと思います。しかし、海はおそろしい性格をもっていて、ただ平等につ

つみ入れてくれるというだけではなく、いくら沈めていてもいつかは屍骸を浮き上らせてしまう。つまり、海はなにものをもかくしておくことを許さないという、おそろしく厳しい性格をもっている。こうした海の厳しい性格を親鸞聖人が知ったのは、命がけで漕ぎ出していった漁夫が、荒波にもまれ無残な姿で屍骸となって岸辺に打ちあげられるといった土左衛門をしばしば見せつけられて、実感したのじゃあないかと思います。そしてその実感がそのまま、本願の名号の厳しさを頷かしめたのではないかと思われてならないんです。

ご本願の世界というものは、広大無辺でありがたいと、ただ言うておるわけにはいかない。そこには、人間が最後までおおいかくしていけるものならかくして生きていこうとする、その自力の心の屍骸すらも全部浮び上らせてしまう。それによって、はじめて本当の平等という世界を明らかにする。それが本願のおはたらきである。そういうことを実感を通して聖人が知ったのは、北越の海を見つめて生活されたからだと思うんです。

大地を生きる

だから、本願の名号、お念仏がほんとうに万人平等の救いの法であるということは、この不宿という厳しさを内実とする転成のはたらきをもっているから言えることなんでしょう。人間にとっての平等ということも、この一点を誤魔化さないでぐらないと、どれほど立派なことを言っても観念に過ぎないことになるのだと思いますね。実はここに「煩悩を具足しながら無上大涅槃にいたる」という「真実報土の往生をとげる」道が、もっとも現実的な普遍の大道として広開されることとなるのでありましょう。ここに大地に足のついた人間生活というものが、すべての人びとのうえに開かれることになる。大地に足のついた生活ということは、一生を過不足なく生きる生活なんです。大体、自我の思いからすれば、わたしたちの一生はほとんど思い通りには進んでいないんじゃないですか。しかし、思い通りにいかないというているうちに棺桶が眼の前へやってくる、ということになる。けっきょく自我の思いにふり廻されているうちに、二度と生きることのない一生を棒に振るということになる。そういう夢を見るような生き方を、大地から足の浮いた人生というのでしょう。消費生活ということがあるが、これほど大きな、とりかえしのつかない消費生活はないでしょう。刻々のいのちを消費しているんですからね。聖人が「真実報土の往生をとぐる」とおっしゃる人生は、そうした消費生活からの自己奪還だと言ってもいいと思います。「煩悩を具足しながら無上大涅槃にいたる」ということは、別な言い方をすれば「無礙の一道」ということでしょう。「身を煩わし心を悩ます」煩悩さえも、自分の人生の大切な中味として消化し切っていく、ありがたいといただいて生きる人生です。

そういう生き方というものは、決して現実を仕方なくあきらめるというようなことではありません。そうではなくて、どんなことをも無駄にしないという、ほんとうに積極的な生き方なのです。そういう生き方に目をひらいてこそ、ほんとうの意味で救われるということになる。人間にとって救いといったってそういう人間になるということのほかにはないのでしょう。さるべき業縁のもよおしをいのちの中味として生きているかぎり、その人生の一コマでも無駄なものになるのでしたら、救いなんていったって夢の中でさらに夢を見ているようなことになってしまうのじゃないでしょうか。そうじゃなくて、人生の全部をいただいて生きる人間になるとき、その人の一生は「煩悩を具足しながら無上大涅槃にいたる」人生となるのでしょう。

生ける言葉の仏身

ちょっと唐突のようですが、曾我先生がお亡くなりになる少し前に、こんなことを病床でおっしゃっておられますね。

「人間が生まれてきたということは、一切衆生の宿業を背負うて生まれてきたということです。しかし私には背負う力はありません。背負う力のない私が責任として義務として背負うて生まれてきたのです」

とおっしゃられた。ここに私たちが生まれて生きていくということは、ただ身勝手に生きておればいいというわけにはいかない大問題があるんでしょう。大きな責任を背負うて生きているんです。しかし、じゃあ背負えるかというと、背負おうとしたとたんに自分の肩がくずれてしまうのです。肩がくずれるほどに大きな荷物を生まれながらにして背負うて生きている。そういう大変な使命を身が生まれたときから背負うているんだと、こう先生はおっしゃるのですね。しかし、なにぶんにも病床でのお言葉ですから、言葉そのものは連続していないんですが、そのあとで先生は、「この頃、正念ということを考えさせられました。正念ということは平常心。平常心これ仏道。おたすけということは平常心を与えてくださることです。しかし、凡夫には平常心はありませんね。仏さまはその凡夫に、お念仏という本願によって、正念という平常心を与えて、そして私にご催促くださいました。〝南無阿弥陀仏はすなわちこれ正念なりと知るべし〟と行巻にあります」とおっしゃっておいでになります。

実は、この先生のお言葉が、わたし自身のこころにいただき切れなくて、ずいぶん考え続けていたわけです。「生まれてきたことは自分の宿業を背負うことだ」と言われないで「一切衆生の宿業を背負うて生まれてきたんだ」とおっしゃる。しかも「背負う力はありません」と言いつつ「にもかかわらず責任として義務として背負うて生まれてきたのです」と言われるわけです。いわばそういう大きな矛盾を生きねばならない人間にとって、必須のことは「平常心を得ることだ」と言うのでしょう。しかしまた「凡夫には平常心はありません」ともおっしゃる。そして「その凡夫にお念仏の本願をもって、南無阿弥陀仏を与えてくださって、その南無阿弥陀仏こそ平常心のない凡夫のための、正念という平常心である」とおっしゃるわけです。これが、もう一つしっくりと心にとどかなかったのですが、たまたま富山へまいりましたら、先生がお書きになった書がございまして、そこに「本願の名号は生ける言葉の仏身なり」と書かれてありました。本願の名号、本願の名告りは言葉となって生きてはたらいてくださる仏さまのおいのちであると、こう書いておいでになるんですね。わたしはこの書を拝見したときにハッとしました。なんかこう、電流が身体につたわるような驚きを感じました。本願の名号、南無阿弥陀仏こそ生きた仏さまだ。言葉として生きてはたらいてくださる仏さまだというんですね。生きてはたらいてくださる仏さまとは、南無阿弥陀仏という言葉にまでなってくださる仏さまのことである、とこうおっしゃるのですね。

このお言葉を拝見したとき、先生のご病床でのお話のおこころにも触れることができたような気がすると同時に、『歎異抄』の第三条の、

煩悩具足のわれらは、いずれの行にても、生死をはなるることあるべからざるをあわれみたまいて、願をおこしたまう本意、悪人成仏のため

である、という聖人のみ教えにも素直に頷くことができるような気が致しました。言葉をかえて申しますと、阿弥陀さまが本願をおこしたもう本意は、悪人といわれる人、悪人として悲歎にくれている人が成仏するための道となろうとするところにある、とこういただけるのじゃないかなあと思ったのです。

そう思いましたら、一切衆生の宿業を私の力で背負うことのできないこの身が、南無阿弥陀仏という生ける言葉の仏身、その仏身のお力に乗托して、任運法爾に一生を尽し切ることができる、いわばそういう公けないのちにめざめて一生を尽すことが許されている。そういう世界を開いてくださるのが本願の名号、南無阿弥陀仏というお念仏の世界。この南無阿弥陀仏というお念仏の世界を見失ったら、人間は本来、自滅するよりほかにどうしようもない、かたちは一応自滅しないようでも、自滅するんじゃないかという不安におびえながら、一生をおわるということになるのではないでしょうか。いわば、ほんとうの自分に遇えないならば、不安のなかでおびえつづけなければならない。しかし、自分の目で自分を垣間見たとたんに、自殺するか気狂いになるようなことになってしまう。実はそのどちらからも解放されて一生を尽しきれる道、それこそ、南無阿弥陀仏という生ける言葉の仏身に依る身となるところにのみ開かれる、ということでありましょう。さるべき業縁のもよおしによってしか生きようのないわが身の全体を、そっくりそのままいただいて生きる、そういう私自身にしてくださる大地こそ、この南無阿弥陀仏なのであります。

病床の友

身近かな例というてはなんですが、私の友人の一人にこんな男がいます。その友人は若い頃ずいぶんひどい病気にかかりまして、一時はとても再起はできないだろうと思われたのですが、幸いその病気がなおりまして、つい数年前までは自動車を運転して法要参りをしながら熱心にご門徒の教化などもしていたのですが、それが不幸なことにはまた病気になってしまい、こんどは半身の自由がきかなくなって、ずっと床についているのです。そのお寺へ私もできることなら一年に一度は見舞いをかねてお話に行きたいとは思うのですが、なかなかそれができないで、それでもときどきはお邪魔をしてるんです。ところが、昨年のお正月でありましたか、年賀状を貰いましたら、その年賀状に奥さんの俳句が一句したためてありました。それは、

この年もなるがままなり病む夫《つま》と

というのです。今年もまたなおるという見込みの容易にたたないこの夫とともに一年をご縁のままに生きていくことになるのであろうか、といったあきらめの感情とおまかせの思いとが一つになっているような、実感のにじんでいる俳句なんですね。ところがね、その横に小さな字でこう書いてありました。「先生のお体、くれぐれもお大事にと必ず書け、ということです」と書いてあったのです。私はそれを読んだとき胸を打たれる思いが致しました。おそらく年賀状を書いている奥さんの横のベッドの中から、私の友人がそう書くように言ったのを、そのまま正直に奥さんは書いてくださったのでしょうが、私にはそれが大きな忘れものを思い出させてくれたような気がしたのです。

病床にあって不自由な体を横たえている友人が、元気でピンピンしている私の体のことを案じていてくれるのです。ほんとうならば健康な私がその友人に対して、どうか大事にしてくださいよ、と言うべきはずなのに、反対に病床の友がそれをも忘れて飛び廻っている私の身を案じてくれているのです。しかも自分では書けないから、そのことを奥さんに書かせているんですね。私はその一枚の年賀状を手にして、この友人だけではなく、私の知らない世界から声なき声をもってどうぞ大事に生きてくれ、元気に仕事をしてくれ、と願われながら今日を生きている自分を、いまさらのように知らされる思いが致しました。

ところが、昨年の十一月でしたか、ちょうどその頃私自身ちょっと体の調子をこわしていたのですが、その友人のお寺へお話に行ったのです。お話は本堂でするのですが、その友人は不自由な体を本堂のわきまではこんできて、私の話を聞いていてくれたんですね。人の出入も多くてゆっくり話もできませんでしたが、病室に横になっているその友人としばらく話していたのですが、あまりゆっくり話込んでもまた後から血圧があがったり疲れたりしてはいけないと思って別れようとしましたら、その友人が言うんです。「体きいつけてな、わしのようになったらもうあかんでな」ってね。で、私はなにかましな励ましの言葉でも言いたいと思ったのですが、身近かな友人でもあり、なんにも特別のこともいえないで「君、そんな弱気出さんとしっかり養生しろよ、また来るからね」と、それだけ言うて別れたんです。しかし、そう言うた私の心のなかにはその年に貰った年賀状の言葉が思い出されていましてね、ちょっと大げさな言い方をすれば「君、そんな大病までして、身動きの不自由な姿にまでなって、他の人のことを案じている菩薩行を行じていてくれるじゃないか」というようなことが言いたかったのです。不自由な身にまでなっていながら、私のことを心配しておってくれるのですからね。立派な菩薩行をおのずからに行じていてくれるわけでしょう。ですから私は、口には出せなかったが、そのときの気持としては、「決してそんな体になったからって駄目なんじゃないんだよ。ちゃんと私の体のことまで心配していてくれるじゃないか、立派な菩薩行なんだよ」と言いたかったんです。

ところが、ああいう人はほんとうに身で仏法を聞いてくれるんだなあとつくづく思いました。それは、今年の年賀状をもらったときなんです。今年の年賀状には、

筆もてぬ身にもうれしき年賀かな

という俳句が書いてありました。もちろん字は奥さんのですが俳句は友だちのものです。二ヶ月ほど前に会ったときには「わしのようになったらもうあかんでな」というた友だちが、その翌年の元旦になってもやっぱり筆が持てるようにならない。筆が持てるようにはなれないけれども、こころは新しい年を迎えられたことがうれしいと、こう素直に喜んでいるんですね。「筆もてぬ身にもうれしき年賀かな」なにかそこには、一転した心のひるがえりとでもいうような、静かな

明るさが感じられました。そしてその明るさが私自身までつつんでくれるような気が致しました。

乗彼願力の身

自力の心をひるがえし捨てるところに、おのずから開けてくる「真実報土の往生をとぐる」道ということも、こういうところにあるんじゃないでしょうか。つまり、自力無効のところに開かれる乗彼願力の一道でありましょう。両手両足なしで七十年余も生きられた中村久子さんの詩に、

なにをしようにもなにひとつはからえない私
はからえないままに生かされている私

というのがあったと思いますが、そこに自力無効の身の信知のところに乗彼願力の事実が頷かれ、その本願力のおはからいのままで一生を尽せる道が開かれるのでしょう。

それを親鸞聖人は「決定して自身を深信する」「決定して自身を深信す」「決定してかの願力に乗じて深信する」とおっしゃったのです。また清沢先生のお言葉によって申しますならば、

自己とは何ぞや。是れ人生の根本的問題なり。自己とは他なし。絶対無限の妙用に乗托して、任運に法爾に此の境遇に落在せるもの即ち是なり。

ということになるのでありましょう。自己と阿弥陀さまのはたらきと二つが別々にあるのではない。自己を人生の最大問題として問いつくすところに、本当の自己に遇うのであり、その本当の

自己こそはそのまま「絶対無限の妙用に乗托して」在る自己である。これが、自力の心をひるがえして、ひとえに他力をたのむ人なのでありましょう。

たのむということは、しがみつくことではありません。乗托するということです。それに依って生きるということです。生きていることのたしかな頷きの言葉なんですね。そのことが『歎異抄』ではまた「いずれの行にても、生死をはなるることあるべからざるをあわれみたまいて、願をおこしたまう本意、悪人成仏のためなれば、他力をたのみたてまつる悪人、もっとも往生の正因なり」というお言葉で示されているのだと思います。「他力をたのみたてまつる悪人、もっとも往生の正因」という言葉使いは、なにか舌たらずのような感じもし、また難しい気も致しますが、そうあんまり詮索する必要はないんじゃないかと思います。正因ということは正しき因《たね》ということであります。悪人成仏のための本願をおこされて、その悪人が成仏するということの正しき因が、他力をたのみたてまつる悪人のうえに、明らかに成就していると言われるのであります。

法蔵菩薩

私は、このお言葉を拝読していて、念頭に浮んでまいりますことは、あの『大無量寿経』に説かれている法蔵菩薩のご修行のことであります。法蔵菩薩とは阿弥陀さまの因位であると説かれています。つまり阿弥陀仏が阿弥陀仏になる因行が法蔵菩薩のご修行であります。しかし、阿弥陀仏が阿弥陀仏になるための法蔵菩薩のご修行とは、一体どこで行じられているのでしょうか。実は、そのご修行の場所こそ、阿弥陀・絶対無限の妙用に反逆しつづけて生きていく、自力作善の心のまっただ中にあるのではないでしょうか。ひとえに他力をたのむこころのない自力作善の内深くに、ひたすらな法蔵菩薩のご修行が行ぜられつづけているのでしょう。如来に反逆しつづけて生きる、その私の反逆の歴史のなかに、一切衆生の成仏を自己の成仏とする法蔵菩薩の修行の歴史が一つに重なっているんだと思います。

如来にそむいて生きる私のいとなみの内深くに、その私を如来にしようと誓う法蔵菩薩のご修行が、寸分の隙もなく重なっている。この実感が「願をおこしたまう本意、悪人成仏のためなれば、他力をたのみたてまつる悪人、もっとも往生の正因」という言葉となって現わされたのだと思うのであります。私自身に仏となる力があるのではない。その私自身のいのちそのものを大地として「悪人成仏のため」の悲願成就の修行が、かぎりなく行ぜられていく。ここに一切衆生を自己自身となさって、自ら仏と成らんと誓われた法蔵菩薩の永劫かけての修行が行ぜられているのでしょう。ですからそこには、一方においては自力作善のおろかさ、自力作善の無効を知って、頭の上がらなくなる反逆の歩みのあまりにも長く深い私の事実の罪深さ、罪悪深重のいたましさに気づくところに、その反逆の歩みの長さをそのまま成仏の歩みの長さとしてくださる因位法蔵のご修行がいただけるのではないでしょうか。どうも充分な言葉がみつかりませんが、仏に成るのはわが身でありますが、私が仏に成るのだというより、法蔵菩薩が仏に成られるのだと言いたいのです。その法蔵菩薩が仏に成るという事実の中味に、成仏無資格者である私がある。そこでは、私が仏にさせていただく、というような言葉すらおこがましく、こざかしく、しらじらしいものになっていくような事実の実感があり、その実感だけが「念仏成仏自然」ということを疑わせないのだと思います。

なにか感情が先走って、充分言葉になりませんが、「いずれの行にても、生死をはなるることあるべからざるをあわれみたまいて、願をおこしたまう本意、悪人成仏のためなれば、他力をたのみたてまつる悪人、もっとも往生の正因なり」というお言葉には、もうどんな言葉も及ばないほど確かな「念仏成仏自然」の頷きが、深ぶかとこめられているのだと思います。

こうして、「よって善人だにこそ往生すれ、まして悪人はと、おおせそうらいき」と、一点のくもりもなく確認なさって、お示しになったのでありましょう。

（一九七三・三・一一）

第四条　いのちのまこと

第四条

（本　文）

慈悲《じひ》に聖道《しょうどう》・浄土《じょうど》のかわりめあり。

聖道の慈悲というは、ものをあわれみ、かなしみ、はぐくむなり。しかれども、おもうがごとくたすけとぐること、きわめてありがたし。浄土《じょうど》の慈悲《じひ》というは、念仏して、いそぎ仏《ぶつ》になりて、大慈大悲心をもって、おもうがごとく衆生を利益《りやく》するをいうべきなり。

（意　訳）

慈悲ということには、人間を立場とする聖道の慈悲から、阿弥陀のはたらきのもとに開かれる浄土の慈悲への変りめがあります。

聖道の慈悲というのは、自分の力によって、生きとし生けるものを、あわれみ、可愛がり、はぐくみ育てていこうとすることです。けれどもほんとうに思いのままに助けとげるということは、きわめてまれなことです。浄土の慈悲というのは、念仏して、ただちに仏となる身となって、阿弥陀の大いなる慈悲のこころにより、思うがままに生きとし生けるものを恵み導くこ

今生《こんじょう》に、いかに、いとおし不便《ふびん》とおもうとも、存知《ぞんじ》のごとくたすけがたければ、この慈悲《じひ》始終なし。しかれば、念仏もうすのみぞ、すえとおりたる大慈悲心にてそうろうべきと云々

とをいうのです。

よくよく考えてみますと、この有限な現実にあっては、どんなにいとおしいと思い、かわいそうだと思ってみても、自分の思いのままに助け切ることはできないものです。したがって、自力の慈悲は中途半端なものだと言わねばなりません。そうしてみると、ただ阿弥陀の本願に帰して、念仏申す身になることだけが、ほんとうに徹底した、大いなる慈悲の心の世界でありますと教えてくださいました。

一

はじめに

昨年、第三条を「如来絶対信中の人」という題でお話をしました。たまたま、それを読んでくださった若い人が、今年の一月随分有り難いお土産をもってきて下さいました。

第三条の話をしたとき、無資格で、無条件でなりたつ救いというようなことを申しましたが、そのことを『歎異抄』の第三条の言葉のうえでいただくならば、「他力をたのみたてまつる悪人、もっとも往生の正因なり」という言葉の中にあって、それが如来の信頼の中におかれて生きてゆく人間の告白でないか、そういうような意味のことを申したわけです。

実は、大阪の拘置所に、殺人の罪を犯して、まだ裁判の判決がきまらないまま、いわゆる未決の囚人として入っている人がいるのだそうです。ところが、私が大学におった頃の学生だったのですが、今では立派な社会人として、教誨師という訳ではありませんが、教誨師のお手伝をしている青年がおりまして、その青年がどういうご縁か、その殺人犯人に接近するようになりました。いろいろと話しておったところ、その人もかってはある宗教の信者だったそうです。ところが、その様な罪を犯してからは随分苦しんで、一時はキリスト教に非常に心をよせて、しかも頭もよいし熱心な人だったのでしょうか。日本語のバイブルでは、ほんとうに神の言葉が伝わらないのではなかろうかと、語学まで勉強して聖書を読んだそうであります。ところが、もうひとつ元へ帰って聖書を読まなければならないのではなかろうかということで、しまいにはギリシャ語から、ラテン語まである程度読めるまで勉強したというのです。ですから随分語学力もあり、天才的な人なのですが、その人がキリスト教のバイブルを読み、どうしても、もう一つ心が開けない、と悩んでおったそうです。

たまたま先ほどの青年が、『歎異抄』第三条の話をしたのだそうです。そしたら『歎異抄』を読み、特に第三条を通して、こういうことを言うたそうです。

「不思議なことだなあ、親鸞聖人の言葉には許すという言葉がひとつもない」と。

「不思議なことだなあ」と言うたそうです。私はそれを聞きまして、私自身、何かを考えながらお話させていただいたことが、私の思いを超えてもっと深いところから聞きとられているのだなあということを思いました。「許すという言葉が一つもない」、この人には、キリスト教と比べて、というような余裕はない訳です。「許されない自分」ということで悩みぬき、「許されない自分」が、どういう罪の償いをすれば許されるのであるかという悩みを、繰り返し繰り返し心の中で反復していたのでありましょう。ところが、キリスト教はふれてゆけばゆく程、やはり神の許しを受けなければならない身だということがはっきりしてくる。しかし、キリスト教にふれながらも、神の許しをうけることのできない自分であるということで悩みぬいておった訳です。

たまたま『歎異抄』を読んで「不思議な宗教があるものだ、許すという言葉が一つもない」そう言われてみると確かにございません。許すという言葉、どのような罪を犯しても許してあげますよというような感じの表現は、親鸞聖人にもないし、浄土真宗の教えにもございません。いわば、絶対の許しの中にあるとさえ言うていい。それこそ、如来絶対信中の人とたまたま思いついて申しあげたのですが、その事を「許しという言葉がない、不思議なことだなあ」と一語で受けとめた、その人のうなずきが、実はかえって私自身に、非常に深いものと申しますか、限りない世界を、文字通り無量寿という言葉が生きて働いておって下さるような、そんな世界を知らせてくれました。それ以来、心の中で許すとか許さないとか、あるいは許されないとか許していただきたいとかというような、そうした問題でなく、人間の生き様の中での一コマ一コマが、いかなることも無意味に終らない世界が浄土真宗の教えとして私達に与えられている。そして、罪を犯したその人の述懐の中に、一番大事な教えのかなめはそこにあるのじゃないかということを、自分のいのちを通して、いのちをあかしとして教えておって下さるということを思いました。その時、私は感動すると同時に、浄土真宗の教え、味わいは、ただこれだけと言う訳にはゆかない。それこそ生死の苦海ほとりなしと申しますけれども、そのほとりのない苦海を生きる人間に、如来の智慧海は深広で涯底がないといわれるように、そのほとりない苦海そのものを自己自身としたもう如来の智願海の深さというようなことが、頭の中で考えていた世界でなく、非常に具体的な形で教えられました。それ以来、『歎異抄』を拝読する、新しい眼を開かしていただいたような気がしておる訳です。

信心の眼

今回は、そういうようなことで、第四条を「いのちのまこと」というような変った題をつけた訳です。

慈悲に聖道・浄土のかわりめあり。聖道の慈悲というは、ものをあわれみ、かなしみ、はぐくむなり。しかれども、おもうがごとくたすけとぐること、きわめてありがたし。浄土の慈悲というは、念仏して、いそぎ仏になりて、大慈大悲心をもって、おもうがごとく衆生を利益するをいうべきなり。今生に、いかに、いとおし不便《ふびん》とおもうとも、存知のごとくたすけがたければ、この慈悲始終なし。しかれば、念仏もうすのみぞ、すえとおりたる大慈悲心にてそうろうべきと云々。

私は、第四条を始めとして、第五条・第六条の三ヶ条の中には、信心の智慧によって見きわめられた人間のいのちの実相とでも申しますか、そういうことが、第三条をうけて三ヶ条のところにあるということを考えております。信心の智慧によってと申しましたが、古くは妙音院了祥師が『歎異鈔聞記』の中で第一条、第二条、第三条は安心訓である、第四条から第十条までは起行訓――念仏の行者、信心の行者の生活を教えているのである、ということをおっしゃっております。古い言葉ですが、安心訓――安心を教えるおみのりが、第一条から第三条までである、と押えられたことは、非常に大事なことを教えて下さっているように思います。

ひとことで浄土真宗の信心、浄土真宗の教えは何かと尋ねられるならば、私は眼を与えられることだと、こう言ってよいのではないかと思います。眼を与えられる、透明な眼、澄んだ眼を与えられることが、信心をいただくということでないかと思います。何か特別なものをいただいたり、私達が求めているような利益とか、あるいは功徳とかをいただくのではなくて、ものそのものを透明にみる眼をいただく、これが浄土真宗の信心だと思います。

そういうことで申しますと、私達は眼があいていると申しますが、私達の眼はあいておらないので、あいておりましても雲がかかっているのです。ですから見ているつもりでおりますが、見えているのでなく見ているのです。見ているというところには、私が見ているという、私という字がついております。景色が見えるとか、あの人の顔が見えると言いますけれども、見えるのではなく見ているのではないでしょうか。私という字がつきますと、例えばこの時計にしても、見ていると心の中で思いましたとき、時計を私の所有物として見ております。時計として見ておりませんか。ですから、私達は見ているように思いますけれども、ほんとうは盲《めしい》なのでないでしょうか。盲であるが故に、縁によって起る実相としてのあらゆる事柄を、正直にいただくことができない。そこに私達の悩みの深さ、悲しみの深さがある訳です。

だとすると、私達の悩み、あるいは悲しみ苦しみを救う信心とは、その悲しみや苦しみの出来事を取り去って下さることではなくして、私流に見、私流に解決したいとしか思わないようなその盲の眼を、はっきりと開いて下さるという以外、救いもなければ功徳もない。ですから、信心とは、自己を中心としてしか見ることの出来ない盲の眼をあけて下さって、ほんとうに透明な眼で私自身を、そしてあらゆる事柄を見開いてゆくことの出来る私にして下さる、というのが信心であると思います。

「内観」ということ

仏教には、内観という言葉があります。仏教では、内観ということが一番大事なことでしょう。「観」、みるという言葉がついております。仏教の見方は、仏教以外の見方と選んで内観と言います。内観とは、主観を払って見るということなのでしょう。曾我先生のご本には『内観の法蔵』とか、内観という言葉が多うございます。ですから、皆がまた、内観という言葉を使って話をいたします。ところがある時先生が、

「この頃の人は盛んに内観内観と言うておるが、ほんとうに分かっているのでしょうか」こう言われました。そして、

「内観とこの頃の人の言うのは、自分の眼で自分の心を覗きこむつもりでおるのでないでしょうか。そんなものは内観ではございません。自分の心を外から見ておるだけです。それは外観というのです」

「内観とはどういただいたらよいのでしょうか」とうかがいますと、先生は、

「内観とは、外のことが、あることがあるがままに見えるということを内観と言うのです。自分の心を覗きこむことではありません」こうはっきりおっしゃいました。あるがままの世界が、あるがままに見えるということが、内観の事実なんだ。

「だから、内観内観といっても少しも明るくならないのです」と。

そうですね。外が見えない限り、明るくなりっこないのですから。それは大きな間違いである、と指摘されたことがあります。

そういうことで申しますと、仏法の信心というのは、いわば内観の眼をいただくことであると、こう言ってよい訳でしょう。

『歎異抄』第三条に即して言うならば、第一条では、人間の救いとは一体何できまるのかと言うたら、「ただ信心を要とすとしるべし」とはっきり言っておられるように、信心一つで人間の

救いが決定する、こう言いきられます。では、信心とは何かと申しますと、第二条に「いずれの行もおよびがたき身」という身の事実を、ほんとうに頷くということでありますし、「いずれの行もおよびがたき身」に頷いてみますと、その身のところに「弥陀の本願まことにおわしまさば」とおっしゃるように、弥陀の本願のまことが、実はお釈迦様をも生みだして、親鸞聖人でもうしますと、ご師匠法然の「おおせ」にまでなって生きて働いてくださる、まことの事実の歴史とでも申しますか、弥陀の本願のまことの歴史が親鸞のところまで届いて、新しく「親鸞がもうすむね、またもって、むなしかるべからずそうろうか。詮ずるところ、愚身の信心におきてはかくのごとし」とおっしゃって、その「愚身の信心」を通して、新しく本願のまことの歴史の中に、友よ同朋よと呼びかけてゆく世界が開ける。いずれの行も及び難き身と知ることにおいて、その身の事実が弥陀の本願のまことのご苦労の中に保たれていた身である。やがて、ご苦労の中に包みとられてゆく身であり、やがてそのご苦労が私を超えて大きな仏事に私自身参加させていただける。そういうところに、信心の具体的な内容があるのだというのが、特に第二条で念を押すように教えて下さったことでありましょう。

ところが、第三条へきますと、信心の行者の実感といってよいのでしょう。その実感が、「他力をたのみたてまつる悪人、もっとも往生の正因なり」と一言で述懐されております。

ここに、「正因」という言葉がでてきたので申しますが、「信心正因」ということを申します。

信心こそ、大般涅槃をさとる真の因である。「涅槃の真因はただ信心をもってす」とおっしゃっています。涅槃をさとる因は信心だ、こういうことも、今のようにいただいてみますと決してやっかいなことを言っているのでないでしょう。涅槃をさとるということは、充分に生きて、過不足なく一生を尽すことが出来ました、ということですね。「臨終一念の夕《ゆうべ》、大般涅槃を超証す」と親鸞聖人がおっしゃいます。一生の中には、さるべき業縁のもよおしで、私の思いを超えたあらゆる経験を経る訳でしょうが、どのような経験を経てまいりましても、一生が終る時には、娑婆の縁つきて終ってゆくのである。その時力なくして終る時、終ってからではなく、終る時、大般涅槃を証る、仏となる。

何故そう言えるかといえば、さるべき業縁のままに生きてきた人生が、一つとして無駄なく生きてこれたからです。往生の一道という訳でしょう。

すると、念仏往生の一道を歩いてゆく時、その人生の終りに、一生は一つとして無駄はなかった。何故かというと、大般涅槃を証る因としての一コマ一コマとして、誰に代ってもらう必要もない大切な一生であったからだと。こう自分の一生をいただいてゆける眼、その眼が信心、こういうことでありましょう。そのことを『歎異抄』では特に「如来よりたまわりたる信心」という言葉で明らかにして下さった訳です。「如来よりたまわりたる信心」というのは、私流に言えば、如来よりたまわりたる眼でしょう。自我の眼鏡でものを見ている眼でなくて、如来よりたまわった眼、如来よりいただいた眼なのでしょう。その眼をもってしてはじめて、如来よりいただいた世界を生きているわが身がわかるのでありましょう。

花びらは散っても

昨年の夏、郷里のほうで一つの経験をしました。それは八月十四日お盆でした。田舎のことですから、お盆には青年達は皆帰ってまいります。昨年高校を卒業したばかりの青年達が、早速同窓会をやろうというので、自動車二台に五人ずつ分乗し、展望のきく高台へ、道は悪いのですが行った訳です。そこで、夕方近くなって気がつき、その悪い道を引き返してきたところ、急カーブのところで後からついて来た車が転落して、約三〇メートルの谷底へ落ちてしまった。私、その現場へ後で参りに行ったのですが、何もひっかかるもののない谷なのです。結局、乗っていた一人の女の子が即死、三人が重傷を負い、一番軽かったのが、ハンドルを握っておった運転手なのです。高校を卒業した連中というと、初めて免許証をとったいわゆる初心者マークをつけた連中です。

ともかく、そんなことがあって、一人の娘さんが即死した訳です。それが、たまたま私が毎月国へ帰ってやっております会の、中心になってやっている人の娘さんだったのです。しかも、高等学校を出て、ある銀行に就職し、初めてボーナスをもらって、お父さんにお小遣いとネクタイをくれたと言って、墓参りに来て喜んでおりました直後二時間のことです。私も、びっくりしてその家へとんで行った訳です。ところが情ないものだと思いましたが、その人の前で何も言葉がないのです。言おうとすればするほど言葉が死んでしまうというのですか、何か無駄ごとを繰返しておるような気がして、何も言えなくて帰ってきました。自分の寺の門のところへ帰るまで、心がスッキリしないのです。寺の門の掲示板の前に立った時、ふと金子大榮先生の言葉を思いだしました。そして掲示伝道板に、「無量寿」と書き、その横に金子先生の言葉ですが「花びらは散っても、花は散らない」と、これだけ誰に書いたのか自分にも分かりませんが書いたのです。

お葬式が済んで二日ばかりして、父親がやってこられて、こういうことを言われました。

「あの黒板の字は私の為に書いてくれたのですか」、そして、つぶやくように、

「花びらは散ってしまった。だけど花は散らさんようにせんけりゃならんなあ」こう言いまして、

「娘はお浄土へ嫁入りしたのだから」

私はびっくりしました。私が書きましたのは、「生命とは無限なものである。花びらは縁がくれば散る。しかし、花びらは散っても花は散らないという世界がある」と、先生の言葉をお借りして書いただけであります。

ところが、我が子を瞬時にして失ったというお父さんが、その字をみておって「花びらは散ってしまった。だけど花は散らさんようにせんけりゃいかんなあ」と言うたのです。これは自分に

言うたのか私に言うたのか、それは分かりません。そのお父さんは「花びらは散っても、花は散らない」という言葉が人ごとではなくて、花びらが散ったというその事実、それこそさるべき業縁のもよおしによって我が子が散っていった訳でしょう。その散っていった事実の中で、狂乱するように苦しんだに違いないと思います。その苦しんだ揚句、その字が目に入った時、花を散らさないようにするという大きな役割を、新しく背負うて生きてゆかねばならないのが私だなあと、我が子を失ったことを通して新しい役割を引き受けた実感が、その言葉にある訳ですね。しかもそこからでてきた言葉が、娘はお浄土へ嫁入りしたのだ、娘は死んでいったのでもなく、人が殺したのでもない。たしかに、未熟な運転で私の娘だけ何故死ななければならないのか、と言っておりました。そのお父さんの口から嫁入りしたのだという言葉がでてきた時、娘の死を無駄にしてはならない父親が新しく生まれたと言うてもよいのでしょう。

そういうことが、「如来よりたまわりたる信心」は、如来よりたまわりたる眼。その如来よりたまわりたる眼によって始めて、如来よりたまわった世界を生きてゆくわが身が明らかになる。そういうことが、そのお父さんの言葉を聞いておって今更に思われた訳です。そういう信心の眼、そういう澄みきった眼と申しますか、その眼によって明らかになってくる人間のいのちの姿というのが、私は第四条、第五条、第六条という三ヶ条だと思うのです。

人間性

その中でも、第四条は慈悲ということが中心になっております。ということは、人間の一番深い実相、人間のいのちとは何かと、こう問われるなら、親鸞聖人は『歎異抄』の中の言葉で言うならば、慈悲という言葉に、人間の「いのち」のまことを見出しておられるのでないかと思うのです。

これは、仏教だけではないと思います。例えば、西洋でも愛という言葉があります。西洋でもその言葉を使うときには、決して人間の一つの心のうごきを表わすだけではありません。愛という言葉は、人間であることを明らかにするような言葉ですね。ですから、神の愛というところまで、愛という言葉が使われてゆく訳でしょう。東洋でも中国の孔子の教えのなかに、愛という言葉は仁という言葉になっております。仁は、人偏に二（二人）と書きます。仁ということが愛ということでしょう。ですから、古いものを読むと、「仁は愛なり」という言葉もありますし、「仁は人なり」という言葉もあります。ときによると、「天地の心をもって心とすれば、仁いたる」という言葉があり、人間の私的な心で人間の関わりをもつのではなくて、天地のような広大な心を心としてゆくとき、始めて仁、即ち愛が成就するのである、という言葉さえ中国にあります。

そういう意味では、仏教だけでなく西洋でも愛と言い、東洋でも、仏教以外で申しても、仁という言葉が決して人間の一つの心の動きとしては考えられていません。人間をほんとうに明らかにするときの根っこになっているようなものが、仁とか愛という言葉になるのでしょう。そういうことで言うならば、言葉には言葉の約束がありますから同じと言う訳にはまいりませんが、少なくとも共通している慈悲、あるいは愛、あるいは仁という言葉をもって人間を表わす言葉だとするならば、そういう愛とか仁とか、慈悲の成就、慈悲が末とおるという、成就の世界が明らかになるということは、そのまま人間が明らかになることだと言うてよいと思います。

最近人間性喪失ということが言われますが、人間性喪失とは一体どういうことか。そのことをはっきり言うと、仁とか愛とか慈悲と言われることがなくなってゆくことではないでしょうか。仁ということで一つ思いだしましたが、「仁を賊《そこな》う者これを賊という」という言葉があります。仁ということをそこなう事柄、そこなう人、そこなう事実、物を盗ったり、人を殺したりするのが賊ではなく、仁をそこなうものを賊というのである、こういう言葉が中国にあります。それは、今の言葉で言えば、人間性をそこなうもの、それを人間における賊というのだ、こう言い切ってもいいのじゃないでしょうか。

とすると、慈悲とか愛とかいうものは、人間であることの根本に流れているような事柄、ですからその慈悲・愛ということが成就しなければ、人間は人間であることを成就することができない。とくに慈悲という言葉は仏教の言葉であります。仏教は言うまでもなく成仏の道であり、人間成就の道を求めてゆくものであります。ですから、その根っこに慈悲が成就しないなら、人間がどのような行為をやっておっても、慈悲の成就がその行為の根っこにないならば、人間は成就しない。私の人生がどんな人生であっても、私の人生の底に確かに慈悲が成就しているという実感がないならば、私の人生は完成しない、そういうことがあると思います。そういうことでは、慈悲という言葉は、とくに「いのち」のまことを表わしていると言ってよいと思います。

慈悲・本能

毎日新聞に、毎日歌壇というのがあります。たまたま半月程前、秀作にこんな歌がありました。

病みおとろえ乱れし妻は子の数を指もて数え一人のたらず

状況は分かりませんが、おそらくご主人が読んだ歌だと思います。病気になって、脳までおかされてしまったのでしょう。いわゆる病気に犯され、完全に頭が変になって、錯乱状態になった妻が、何をやっているかというと、指をだして勘定しているというのです。そして、子供が一人足らんと叫んでいる、という情景をうたっているのです。何か、ああだこうだというておる世界が、病気という縁を通して消えて、それこそ本能の大地にかえされた時に、なおそこに残って指おりながら数えずにはおれないもの、そして「一人のたらず」と言うのですから、おそらく自分がおなかを痛めて生んだ子供の一人が死んでいったのかもしれません。あるいは自分の記憶の中によみがえってこないのかもしれないけれども、一人足らないということが耐えがたくなってい る訳でしょう。病気の中で、指を何回も折りながら、どうしても一人子供が足らない、子供が足らないと言っている。そういうところに、慈悲とか愛とかいうことが、人間の心の動きの一つではなくして、人間の心と言えば、それが人間の心だ。錯乱状態になろうがどんな状況になろうが、その最後の根っこのところにあって、人間であることを支えているような心、曾我先生の言葉で言えばそれを宿業というのではないでしょうか。宿業は本能だと先生がおっしゃるけれども、宿業は本能だと言うことを、言葉をかえて言えば慈悲という言葉で言ってもよいのでないでしょうか。

だからまた、仏様のいのちで言うならば、慈悲は寿、仏の寿命になっておりますね。

「宿業は本能であり、本能こそ感応道交する」

こうおっしゃるけれども、歌といっても素人の歌なのでしょうが、その方が読んだ「病みおとろえ乱れし妻は子の数を指もて数え一人のたらず」、そういうところで、愛とか慈悲をたしかめない限り、人間愛といっても社会愛と言っても、あるいは子供に対する愛だと申しましても、どこかはっきりしないものがあるのでないか、そういうことを第四条では明らかにして下さるのだと思います。

慈悲一すじ

とくに第四条では「慈悲に聖道・浄土のかわりめあり」、これが第四条の要《かなめ》であります。このことのために、第四条は書かれているのだと思います。ところが、この「かわりめ」というのを、どのように私達は了解したらよいのでしょうか。「慈悲に聖道・浄土のかわりめあり」、いろいろの先生方の書物を拝見しましても、読んだ感じとしては、聖道の慈悲と浄土の慈悲のかわりめという、かわりめが相違、違いという意味に訳されております。だから、慈悲には聖道の慈悲と浄土の慈悲の二つがあって、その慈悲には違いがあるんだと、こういう感じで解説されている場合が多いようであります。私はもう一つ感じが違うのです。

もう一つ感じをつめてゆくと、慈悲ということに、聖道門仏教の慈悲と、浄土門仏教の慈悲とがある、というふうにさえ感ずるような読み方になりますね。それをあまり主張しますと宗派我のようなものとなり、聖道門の慈悲は役に立たないんだ、浄土門の慈悲でないと駄目なんだということになって、本筋から離れてしまうのでないでしょうか。

ところが、それは「かわりめ」という四字を、どう受けとるか、ということによって解けてゆくのでないかと思います。確かに、聖道の慈悲と浄土の慈悲は結果であるに違いない。結果には違いないが、結果に到達するには歩みがあると思います。『歎異抄』の言葉は生きた言葉であって、説明のためにおかれている言葉でないことは、お読みになれば分かると思います。分かるというのは、響くから分かるのです。説明では響きません。その人自身が実感している言葉が「慈悲に聖道・浄土のかわりめあり」という言葉だと思います。私は「かわりめ」というのは、相違ということではなくて、それこそ「変りめ」です。「変りめ」の「め」というのは、つぎめとか、うつりめの「め」だと思います。例えば、糸が移ってゆくつぎめがあるでしょう。つぎめというのは、違いということではありませんね。つぎめというのは、ここからここまで移ってゆくのが、つぎめですね。私はそこに転移、転じて移ってゆくような事実、だから変りめです。相違には違いありませんけれども、その違いは聖道の慈悲と浄土の慈悲二つ並べて、品定めする違いではないと思います。

慈悲ということは、一つしかないと思います。人間を成就する慈悲は、たった一つなんです。そのたった一つの慈悲を成就するためには、変りめをくぐらなくては成就しないというところに、人間という私達の深い慈悲の成就がなくては、人間の成就がない、ということがあると思います。もし変りめがないならば、人間は、その慈悲ゆえに苦しみ、愛ゆえに自分で自分を滅ぼさなくてはならない。そこに、この言葉は相違を語っているのではなくて、変りめを語っておって下さるのでしょう。どうしても、転換することがないと、成就しない。だから生きた言葉だと思います。そのことを私に教えて下さったのは、聖道の慈悲ということについての『歎異抄』の、「聖道の慈悲というは、ものをあわれみ、かなしみ、はぐくむなり」というお言葉です。

聖道の慈悲は、何か立派な慈悲かと思いましたら、誰でも持っていなければならないし、誰でも持っている心ではありませんか。「ものをあわれみ、かなしみ、はぐくむ」という心は。「もの」というのは仏教では物質ということではありません。仏教でいうときには、衆生ということですから、生きとし生けるものということです。ものをあわれみ悲しみ育くむという心は、生きとし生けるものをあわれみ、生きとし生けるものを悲しみ、育ててゆきたいという、それは人間の心でしょう。決して聖者だけの心ではないでしょう。人間なら誰しもその心をもっていなければならないし、その心をもっておって始めて人間といえる訳です。

坂村真民という方の詩の中に、

二度とない人生だから
一輪の花にも無限の愛をそそいでゆこう
一羽の鳥の声にも無心の耳を傾けてゆこう
二度とない人生だから
一匹のコオロギでもふみころさないように心してゆこう

という詩があります。二度とない人生。人間であることを成就する為に、一輪の花にも愛をそそいでゆこう。一羽の鳥の声にも無心の耳を傾けてゆこう。一匹のコオロギもふみころさないでゆこう。それは、ものをあわれみ悲しみ育くむという心ではないでしょうか。決して特別の心ではありません。私達、日常でてくる心ではありませんか。花一輪みても美しいなあと思いますし、犬一匹みても、だきあげてみたくなる心です。それは自然の心です。その自然の心が、聖道の慈悲だと教えられたところに、私はなるほどそうだなあと思いました。

聖道の慈悲

なぜその心を聖道の慈悲とおっしゃるのか、と問い直してみますと、よく分かりますのは、私どもも、ものをあわれみ悲しみ育くむ心をもってはおりますけれども、それを徹底してゆこうとしないのが私達の毎日であります。

新聞をみても、もしそのことが私の現実であったとすれば、じっとしておれないことがでております。そんな記事を読みまして、可愛想だなあと思います。時によったら、自分もなにかしてあげたいという心持さえおこります。ところが家内に、ご飯ですよと呼ばれたら、今までそう思ったことをスッポリ忘れてしまいまして、新聞をたたんでご飯を食べに行った時、その事が念頭から消えてゆきます。

ところが、聖道の慈悲とおっしゃるのは、そうでなくなるのです。可愛想だなあと思ったら、その思いが思いにとどまらないのです。ものをあわれみ悲しむという思いを、ただ思いからでてくる助けたいと思うだけでなく、助けとげんと願う心にかわってくる。しかも助けとげんと願うだけではなく、思うがごとく助けとげようと願って、その思うがごとく助けとげようという実践に身を動かしてゆく、それが聖《ひじり》と言われる人達の生き様でしょう。

私達は新聞を読み散らして、何事もなかった顔をして、朝ご飯を食べておれるような生き方をしておりますけれども、それが出来ない。可愛想だなあと思った途端に、そのことのために自分の命を捧げずにおれない実践に身を投じてゆく。願いか思いかという違いは、簡単に分かるのだと思います。思いは、いつでも消えていってしまいます。願いは、必ず一度は形になります。願は、行になる、行にならない願は、単に思いなのです。願は行になる。そういう意味では、聖道の慈悲といわれるのは誰でも持っている思い、誰でも持っておる人間の心ですが、その心が「すえとおりたる」ものにせずにはおれないという願にかわって、しかも思うがごとく助けとげようという行為、実践にまで身体が動いてゆくというところに、聖道の慈悲ということがあるのでしょう。

「聖道の慈悲というは、ものをあわれみ、かなしみ、はぐくむなり。しかれども、おもうがごとくたすけとぐること、きわめてありがたし」という言葉は、文字通り、実践にまで移した人でないと言えない言葉だということです。でなければ、説明の言葉であって「ああそうか」ということでしょう。「きわめてありがたし」ということは、全くないということでもなく、かといってただ容易でないという説明でもなくて、「きわめてありがたし」という言葉の中に、その人自身が実感しておることがあるのでありましょう。

変りめあり

キリスト教関係の女性ですが、長崎の原爆投下の時の自分の体験を語った記事が、ある雑誌にのっておりました。クリスチャンで、キリスト教関係の病院に勤めておったというのです。病める人苦しむ人のために、自分の生涯を尽してゆこう、それが神の思召しにかなった自分の生き方であるときめて、一生懸命に努力しておった。ところが、原爆投下の時、ふっと自分にたちかえった時、自分は一体何をしてきたか。自分は、助けてくれ助けてくれと泣き叫びながらとりすがる人達の手をふり払いふり払い、ふみにじるようにして、自分一人が助かればよいと逃げてきた自分をふっと見てしまった。そしてその時女性はこう言っておるのです。

「もはや自分は神の下僕になる資格もないし、神の救いにあずかる資格もない」

それは、ここで「聖道の慈悲」といわれている世界を生きた人のみが知っている実感でないんでしょうか。ほんとうに助けとげたい、そのことが自分の生涯の仕事だと思ったその人が、その原爆投下のもとで、助けてくれととりすがる人達を、ふり払うようにして我が身一人を守ろうとした自分をみた時「もはや自分は神の下僕であることもできない、神の救いにあずかることもできない」と述懐する以外に方法がなくなった。その一文を見たとき、文字通り私は「しかれども、おもうがごとくたすけとぐること、きわめてありがたし」という実感が、そこにあるのでないかと感じました。その実感を、私達はどこかで誤魔化しながら生きているのでないでしょうか。誰でも、もっている心です。しかし、それをどこかで誤魔化しつつ生きているから、「聖道の慈悲」という言葉が私達に生きてこないのでしょう。そうしますと、「今生に、いかに、いとおし不便とおもうとも、存知のごとくたすけがたければ、この慈悲始終なし」という言葉がありますが、これも決して説明の言葉ではないのです。

ところが、そういう実感をもった時、その人こそ実はそのままで終れない人なのでしょう。その人こそ、愛の実践と申しますか、慈悲の実践をやめることのできない人なのでしょう。しかし、やめることはできないけれども、末とおらないという事実をみた時、この人はどうすればよいのでしょうか。

清沢先生の言葉をお借りして申すならば、「とっくに自殺をとげなければならない」ところに立つのでないでしょうか。生きてゆく自分の値打すら、自分で疑わなければならないほどに、末とおらなさを知ったとき、その時その人は、「やめましょう」と言って、その愛の実践をやめることができない。できないけれども続けることもできない。そうなったとき、始めてそこに、変りめがなかったら救いがないという事実が明らかになってくるのでしょう。変りめがなかったら、聖道の慈悲から浄土の慈悲へという変りめが用意されていなかったら、愛の深さのゆえに、慈悲の深さのゆえに、慈悲の中に末とおらなさをみて滅びてゆかなければならない。同時に、そうである限り人間であることを成就することも出来ない。

「今生に、いかに、いとおし不便とおもうとも、存知のごとくたすけがたければ、この慈悲始終なし」と言われますが、それを実感的に申しますと、「いかに、いとおし不便と思うとも、存知のごとく助け難ければこの慈悲始終なし。始終なけれども存知のごとく助けがたいという思いを捨てることの出来ない今生を生きてゆく」

一体、私は、どうしたらよいのか、その今生はわが身の今生であります。いかに不便と思うとも存知のごとく助け難いからやめるという訳にゆかない。その助け難いという、愛し不便と思う思いを捨てることが出来ずして生きてゆく今生。その今生を、私はどうしたらいいのでしょう、という問いがでたとき、言うてみれば、助けるわが身から、助かるわが身の道を求めなくてはおれなくなるのではないでしょうか。そこに、聖道の慈悲から、浄土の慈悲への変りめがもし用意されていないなら、私達にとって、人間が人間を尽してゆく道というものはどこにもない。愛が、愛を成就してゆく道は一つもない。結局愛の深さのゆえに、愛の中に自分自身を失ってゆかなければならない。それは人間の弱さとか、力なさとは質が違うのではないでしょうか。そのとき、そういう今生を生きている今の私をどうすればよいのでしょうか、という問に答えて下さる道が、往生浄土の道という形で教えられているのでないでしょうか。

往生浄土の道というのは、『歎異抄』の言葉で申しますと、「おもうがごとく衆生を利益するをいうべきなり」とはっきりおっしゃってあります。聖道の慈悲では、「この慈悲始終なし」と言われますが、始終なしという今生をいだいて私はどうすればよいか。その問いに対して、思うがごとく衆生を利益する道がある、必ずある。それが、聖道の慈悲の悩みを通して、変りめをくぐって開かれてきた往生浄土の道として親鸞聖人が教えて下さっていることだと思います。聖道の慈悲から浄土の慈悲への変りめをくぐらなくては、慈悲の成就はなく、従って人間の成就はないという、いわば、そこに人間成就の道を明らかにして下さるのでないかと思う訳であります。

（一九七四・三・一〇）

二

人間の慈悲

先月、今月と二回お邪魔いたしまして、『歎異抄』第四条を中心にしてお話を続けているわけです。前回も申しましたように『歎異抄』第四条は、「慈悲に聖道・浄土のかわりめあり」という言葉からはじまりますから、人間にとりましての慈悲の問題ということが、第四条の中心だということは、この第四条を拝読するだけでどなたにもよくわかることであります。ところで、私が講題に「いのちのまこと」というようなかけはなれた題をだしましたのは、親鸞聖人のお言葉を集めました『歎異抄』が、第三条の次の第四条に、どうして愛＝慈悲という事柄を置かなければならないのか。そのことを考えました時、思われましたことは、人間のいろいろな思いの中の一つとしての愛とか慈悲という意味ではないのであろうということです。私はあのことも思うこのことも思う、その思いの一つとして愛があり、親子の愛や夫婦の情があると考えがちなのですが、どうも『歎異抄』で集められた親鸞聖人のお言葉の順序で申しますと、そのような意味で、愛とか慈悲とかを『歎異抄』の編者は、この第四条に置いたのではないような気がするのです。

そうではなくて、人間であるとか、人間らしく生きていくこととかは、非常に漠然としていまして、いったいどうなることが人間らしい生きかたなのか。どういう生き方が人間であるといえる生き方なのか。こう確かめてみましてもなかなかはっきりしないわけです。ところがそのはっきりしない事柄を、『歎異抄』では慈悲という言葉で明らかにしてくださったのではないかと思うのです。そういう意味で申しますと、第一条・第二条・第三条の三ケ条が、特に信心ということを明らかにしてくださっている三ケ条だといたしますと、その如来よりたまわりたる信心の眼、信心の智慧を持って、人間とは何であろうかとこういうふうに見定めてみますと、そこに人間ということをおさえて語る言葉が慈悲という言葉になってくるのです。そういう意味では信心の眼で見開かれた人間だというていいかもしれませんね。人間ということはなかなかむつかしいことですが、信心の眼を見開いてみますと、人間、人間らしくあるということはどういうことなのかというと、慈悲を尽して生き抜くことが出来るかどうか。慈悲ということのほかに人間を押える点はないのだというのが、第三条を受けて第四条に、とくに慈悲という問題をとりあげられた気持があるのではないかと思います。

そういうふうに領解をいたしますと、実は人間が本当に人間であることをまっとうして生きていくということは言葉をかえますと、慈悲を尽して生きることが出来るかどうかという、そのこと一つにかかっている。いわば愛を尽して生きていけるかどうか。愛が途中で中折してしまったり、愛を放棄してしまったりするならば人間を尽すことが出来ない。そこに人間という問題が、愛ということと慈悲ということでいい尽されているのだと領解することが出来るのではないかと思いまして、慈悲ということを表にださないで、いのちのまこと、人間のいのちのまことは愛のまことにほかならない。人間が人間をまっとうするということは愛をまっとうするというほかにはない。ではいったいどうして人間の愛をまっとうすることが出来るだろうか、という問題を丁寧にお示しになってくださっているのが第四条だと領解するわけであります。

先頃読んだ本の中で、マルチン・ブーバーという人が人間についてこんなことをいっておられる。

「世界を知ることの出来る人というのは共存しつつある人間である」

といっている。本当に全世界をくまなく知るといっているのは、ただ世界にはどんな情勢が起っているのか、地球とはどんな形をしているのかというのではない。人間世界、生命あるものの世界を本当に納得の出来る人、本当に知ることの出来る人、本当に感じとることの出来る人といってもいいかも知れませんね。本当に感じとることの出来る人は自分自身が共存しつつあるということを知っている人だということです。孤立しているのではなくて、いつも共に生きている、生き合うているということが、生きているということの具体的な中味であるということを知っている人でなくては、世界を知るということは出来ない。このようにいっているのを拝見していい言葉であると心に止めているのです。

そういう意味では人間の問題は愛の問題である。愛の問題は共存しているところに起ってくる心根ですから、そういう意味では愛の問題、慈悲の問題こそ人間の問題の根っこであって、慈悲を成就することが出来るかどうかということが、人間を成就することが出来るかどうかということと同じことなのだといって、あまり見当違いではないと思うのです。

慈悲の正体

そういたしました時に第四条で中心になります慈悲に変りめがあるという、その変りめという一言が、愛を尽すことが出来るかどうか、慈悲を尽し切ることが出来るかどうかという大きな人間の問題を解く鍵になっているということである。これを『歎異抄』では、「慈悲に聖道・浄土のかわりめあり」という言葉でおっしゃって下さっております。前回の繰り返しになりますが変りめというのは相違ということではなく縫いめ、継ぎめということでありまして、ここからここに移っていくという「め」だと領解しますと、慈悲を尽すということにはただすっと平坦な道を歩いていくようにはいかないという大きな問題を人間自身が、誰がということではなくしてどんな人であっても持っているというのが、人間という存在の具体的な事実なのだ。だとすると、その愛を尽すということはどうして出来るかというと、変りめをどう越えていくかということによって愛が尽せる道が開かれるか、あるいは愛が挫折したまま終っていかなくてはならないかということになる。だから慈悲が聖道から浄土へかわっていかなくては愛を尽すことが出来ない。人間を成就することが出来ない。こういうふうにおっしゃっておられるように思うのです。

聖道の慈悲ということについては、どんなことを聖道の慈悲というかというと、ものをあわれみ、悲しみ、育くむと、こうおっしゃってくださいますから、何か特別な慈悲ではなくて、人間である限りみんなどこかで感じている心根だと思うのです。生きとし生けるもの、生命あるもの、山川草木に至るまであわれみ悲しみ育くむ心を持たない人というのは一人もいないのではないでしょうか。

一時若い人の間でハードボイルドという小説が流行しましたね。情無用というのだそうですが、情無用ということで現代人、とくに若い人の鬱憤をぶつけていく。そんな小説を読みますと、むしろそうまでいわなければ、愛とか情とかが尽せない、やりきれなさというものを逆に感じるのですけれども、そういう意味では生きとし生けるものをあわれみ悲しみ育くむということが、聖道の慈悲の正体といえば正体なのです。ただそれが聖道、ひじりの道という言葉でなぜ語られなくてはならないのかといいますと、先回にお話いたしましたが私達はあわれみ、悲しみ、育くむという心をみんな持っているが、その思いをとげようとすることが出来ない。新聞やテレビでずい分悲しい記事がでていますが、時には代ってあげたいと思うことも多いのですが、そういう心が起ったとしましても、それから三十分もたたないうちにそう思ったことをすっかり忘れてしまうというところに、私達の普通の生き方があるわけです。いいとか悪いとかいうのではなくて普通そうなのではないでしょうか。ところがそれが出来ない。いわゆるものをあわれみ、悲しみ、育くむということを果しとげたい、おもうがごとくたすけとげたいと願うところに、聖道といわれなくてはならない慈悲の姿があると申したわけです。その後私の身辺にもいろいろなことがありましたり、いろいろな人に出会ったりして、もう一度考えなおしてみますと、聖道の慈悲ということをもう少しつっこんでみていいのではないかという気がします。

慈悲の挫折

それでは聖道というのは何か。平易ないい方をしますと偉い人、普通の人では出来ない、凡庸な人間では出来ない願いを持って生きる人という感じが、私達の中にどうしても残りますね。私という人間は新聞の悲惨な記事をみても、三十分たつ頃には忘れてしまうような人間だけれども、その事を心に思った途端に思うがごとく果し遂げようと願い、その願いが実践にまで結びつくような方はやはり聖者だ、すぐれた人だと感じるのです。そのことに間違いはないと思いますけれども、もう少し親鸞聖人のおっしゃるお気持の中には広い具体的なものがあったのではないかと思えるのです。それは偉いとか、特別な人とかいうのではなくて、もし言葉をかえて申しますと愛、慈悲ということに誠実である人が聖道の道をあゆむ人の姿だと思うのです。

誠実ということは真面目になりましょうという倫理的なことではなく、どうしてもそうせずにはおれないという人ですね。具体的な例をだしていうと、傍観者になれない人、ですから聖道の慈悲というのは特に大きな事柄に限ったことではないと思うのです。

例えて申しますとずい分以前に、東京へ行った時に聞いた話なのですが、ある子供さんが心臓が悪くって御両親は心臓の手術をほどこされた。心臓の手術をいたしますと、人工心臓のようなものを動かす機械をうめ込まなくてはならない。しかもその機械を何年目かにまた取り出して入れ変えなくてはならない。御両親は子供を助けるつもりで出来る限りの財力をつぎ込んでなさった。しかしその機械を変えるために繰り返さなくてはならない姿がたまらないとおっしゃるのですね。子供を助けたつもりがかえって苦しめたことになっているのではないか。そういう思いがしてならなかった。

心臓が弱い子供だものですから気持がふさぎがちになる。ある時家族が相談して一日家族ぐるみでレクリェーションに行ってふさぎがちの子の気持を慰めようとした。行く当日、出発しようとしたら、その子が、「僕、留守番してるよ」といったそうです。その一言を聞いた時、お母さんは目の前が真っ暗になったそうです。いったい本当にこの子を救うことが出来るのだろうか。この状態を続けていってていいのだろうか。肉体だけでなく精神そのものも病んで行って、その子を慰めようとする行為そのものも見通して、自分がついて行くと足手まといになるということを、子供心に感じて「僕、留守番しているよ」とこういうのですね。この子をいったい救うことが出来るのだろうか、と私の友人にお母さんは訴えられたというのですね。私はそれを聞いて、聖道の慈悲というのはそういうことではなかろうかとも思いました。

そのお母さんは特別にすぐれた人、偉い人というわけではない。ただ我が子の病気をどうかしてなおしてやりたいと思っている普通の母親なのですね。ということになりますと、そういうことの出来る人だけが聖道の慈悲の実践者だともいえないのですね。あるいはお金がなくて出来ないともいう人も聖道の慈悲に入るのではないでしょうか。もっと広くいうならば新聞やテレビでよく耳にし目にしていますが親子心中という事件がありますね。私はあの中にも聖道の慈悲といっていいものがあると思うのです。決して子供を殺すことがいいとか悪いとかいうのではないのです。結局自分が生きていけなくなった時、我が子一人を残しておくことが出来ないという思いが子供を道連れにしてしまうのでしょう。傍観者から見ますと、子供まで道連れにして残酷な話ではないかと思うのですが、そういえるのは他人事だからいえるのではないでしょうか。自分が死んだ後、子供が行末どうなるだろうかと思った時、いいとか悪いとか倫理の規範ではきめることが出来ない感情が、せめて残しておかない方が不幸にはならないだろうと思うからこそ、子供を道連れにしてしまうのでしょう。親鸞聖人はそういうことをせずしては生きていけない人びとと共に生きた中で、聖道の慈悲の本性と聖道の慈悲の挫折とを、なまなましい事実として感じとっておられたのではないかと思います。

また逆に、自分がさきに死んでゆかなければならないということもございます。私の自坊の近くであった事なのですが、戦争中、下からたたきあげてきた陸軍の少佐の方でしたが、終戦後国に帰ってこられましたが、なかなか職につくことが出来ない。そこで寺のお世話をお願いしましたら、大変喜ばれまして、その方は私の寺の朝のお鐘を撞くことを日課にして六年間続けてくださったのです。ところがその人が癌にかかられて入院された。手術をしたところが手遅れでどうしようもない。その方の病院に私はお見舞に行きました。戦場をかけめぐった気丈夫な人だったのでありますけれども、自分の死期が近づいていることを予感しておられたのでしょうか。「何んにも思うことはないけれども、後に残った子供のことを思うとやっぱり心が残りますなあ」と言いました。自分が死んでいくことには何も思い残すことはない。軍人であり幾多の死線を越えて来た人のいつわらざる心境だと思うのですね。にもかかわらず後に残していく子供だけが心残りなのですといいました。こういうところにも聖道の慈悲といわれる事柄の具体的な内容があると思うのです。

そういうふうに聖道の慈悲ということを具体的にいただかないと、やはり愛というものがいのちのまことにつながらなくて、人間の一つの心情、あるいは特別な人の心の動きということになっていってしまうのではないかと思うのです。親鸞聖人は田舎の人々と生きながら聖道の慈悲という、その聖道という言葉を通して、末とおらない人間の慈悲の悲しさ。それゆえに人間が自分の生命をさえ時には断たなければならない悲しさ、それ故に人間が死んでも死に切れないといって生きておらなくてはならないつらさ。それを聖道の慈悲という言葉の中で見極めていかれた。そういうふうに領解することが出来るのではないかと思うのです。

挫折の悲しみ

そうしますと後の方に「おもうがごとく助けとぐること、きわめてありがたし」と、こういう言葉がございます。そこには聖道の慈悲というのはあわれみ、悲しみ、育くむことである。しかしながら思うがごとく助けとぐることはきわめてむずかしい、とこうおっしゃっています。しかしその事は、決して出来ないから仕方がないといって放置しておくことが出来ない。ここに聖道の慈悲の痛みというものがあると思うのです。

逆に申しますと、「存知のごとくたすけがたければ、この慈悲始終なし」とおっしゃっておりますけれど、存知のごとく思う通りに助けがたいから、聖道の慈悲は末とおることがないというお言葉の中に響いていることは、実はだから仕方がないということでもなければ、だからその慈悲はどうにもしてみようがないといって平気でいることでもないと思うのです。実はそこには感情がこもっていると思うのです。その感情は思うがごとく助けがたいとわかればわかる程、思うがごとく助けとおすことが出来ないと知れば知るほど、存知のごとく助けたいと思う思いをどうすることも出来ないような我が身の今生ですね。助けがたいと知れば知るほど助けたいという思いをどうすることも出来ない。それが助けがたいということが具体的になればなるほど、助けたいという思いも、またそれと同じようにつのってくる。断念が出来ない。断念が出来ないところに愛の挫折がある。それが変りめを必然する、どうしても変りめがなくてはならない人間の愛の問題だと思うのです。

そういうことでは「存知のごとくたすけがたければ、この慈悲始終なし」と、こうおっしゃいますけれども、その今世を生きている私はいったいどうしたらいいのかと、こう問いがひるがえるところに、実は聖道の慈悲から浄土の慈悲へという変りめがなくてはならないのではないでしょうか。いわばそういう意味で申しますならば、その変りめがみつからない人間はその愛の挫折の中で、人間それ自体を成就する道を、見失って終っていかなくてはならない。人間を中途でやめなくてはならない。それほどまでに慈悲の問題、愛の問題は人間の根っこにかかわっていると思うのです。そう領解をいたしますならば、変りめという言葉は、本当にその事に気づくことがないならばどうしようもないところに私が生きているのだなあということを実感として知らされてくると思うのです。そのような事を特に最近いろいろなことに出会いまして、改めて思うわけなのです。

浄土の慈悲

ではその変りめとしてひるがえされてくる浄土の慈悲ということはいったいどういうことなのか。親鸞聖人のお言葉では、

浄土の慈悲というは、念仏して、いそぎ仏になりて、大慈大悲心をもって、おもうがごとく衆生を利益するをいうべきなり。

と、こうおっしゃっておられますね。スッと解ったといえば解った。解らないといえば解らないお言葉でもあります。ただ解る解らないということに先立ちまして私達の感情で『歎異抄』を読みますとき、ややもするとこの言葉を読んでいる時、何か余分な感情が入るのではないでしょうか。

その感情を私なりに自分の中で確かめてみますと「浄土の慈悲というは、念仏して、そして急ぎ仏になりて、そして大慈大悲心をもって、思うがごとく衆生を利益することなり」と、「そして」という言葉が入る感情がどこかに動くのではないでしょうか。私には何か念仏してそして急ぎ仏となりて、そして……。そしてという感情が動いていたような気がするのです。

そうなればなるほど浄土の慈悲というのがわからなくなるのですね。聖道の慈悲というのはわかるのです。わかるというのは実感としてわかるのです。具体的な事実に出会えば出会うほど聖道の慈悲は末とおらないということも実感としてわかりますし、末とおらないからといってほっておくことも出来ないということもわかりますし、放っておくことも出来なくて、しかも末とおらないというジレンマの中でどうしたらいいかという問題だけがかえって右往左往するということもわかるのです。そういう意味ではわかる方は聖道の慈悲なのです。浄土の慈悲の方は、念仏して、そして急ぎ仏となって、そして大慈大悲心をもって、思うがごとくに衆生を利益するということである、というのです。そしてという言葉が入りますような思いがこちらに浮んでまいりますとわからなくなってしまうのです。

いったい念仏したら、その矛盾、愛の挫折がいっきょに解決するのだろうか。それほど念仏するということは魔術のような力があるのだろうかというようなことになる。いろいろなことに出会いながら私自身こんなところを右往左往しているわけです。そんな中から最近私自身知らされてまいりましたことは、「そして」という言葉を私の中から抜いてしまわなくてはならない。書いてないのなら、そしてという感情も捨てなくてはならない。とすると一番最初にある一言はなんであるかといったら、変わりめを通して開かれてくる浄土の慈悲、浄土の慈悲ということは、もっと言葉をつきつめていえば、往生浄土なのでしょう。もっと具体的に申しますなら、往生浄土の身になったその人のうえに成就してくる慈悲。こういうふうに言っていいのではないかと思うのです。こういうふうにいいますと、念仏してという言葉が生き生きと響いてくるのです。そうなった時どうするか。その挫折の中にあって、にっちもさっちもいかなくなったその中で、あなたはいったいどうするのか。こう問いかけられた時、そこに教えとして響いてくるのが「念仏者になる」ということなのではないでしょうか。

浄土の慈悲というのは、まず何よりも念仏者になるというところにひらかれてくるのである。聖道の慈悲の挫折をくぐって聖道の慈悲の挫折の苦悩、悲しみをくぐっていったいどうしたらいいのでしょうか。助けていきたいと思っていた私が、その挫折を通して、その思いそっくりを自分の中に包みとりながら、助かっていかなければならない我が身になるのですね。子供を助けたいという思いが行き詰った時、にもかかわらず助けたいという思いを捨て切れない親の私はいったいどうしたらいいのでしょうかと尋ねた時、問いがひっくりかえっているわけです。どうしたら助かるのでしょうという問いにかわってしまっているのです。そのどうしたら助けることが出来るかという思いの挫折をくぐって、それをいだきながら、どうしたら助かるのでしょうか。この助からない子供を持った私はどうしたら助かるのでしょうか。子供を残して死んでいかなくてはならない私のこの悲しみ。この私はどうしたら助かるのでしょうか。助ける我が身から助かる我が身を尋ねる私にかわった時、そこに答えとして教えられてくるのが「念仏して」という言葉なのでしょう。とすると念仏者になることのほかに道はないのですよということが、往生浄土の慈悲として教えられてきているわけです。

そうであるならば、念仏者になるということは更につきつめて申しますと次の言葉が生きてきます。念仏者になるということによって、「急ぎ仏になりて」と、急ぎという言葉があります。急ぐという言葉はどういう言葉か、今日ただ今、今日ただ今、仏となるようなあなたになってということですね。今日ただ今、仏となるような私自身となることにおいてしか愛を末とおらしめることは出来ないのですよ。こう教えられてきているのではないでしょうか。そういたしますと助ける我が身が助かる我が身を尋ねる存在にかわった時、それに答えられる答えが念仏者になるのですよという答えなのではないでしょうか。念仏者になるということは急ぎ仏になる身となるのですよ。こういわれた時、今日ただ今の悲しみをいだいている人生をそっくり包んで急ぎ仏となるような、成仏を期するような、そういう人生を歩くあなたになる。ここに念仏して急ぎ仏となりてという言葉の本当の意義がある。

そうなった時、そこに開かれてくる世界が、

大慈大悲心をもって、おもうがごとく衆生を利益するをいうべきなり。

というべき世界ではないでしょうか。

急ぎ仏と成る

思い出しますのは『大無量寿経』の中で往生という言葉について、詳しくお示しになってくださっているのが『大無量寿経』の下巻の、

必得超絶去、往生安養国、横截五悪趣、悪趣自然閉。

というお言葉ですね。「必ず超絶して去ることを得て、安養国に往生して」と、こういうふうに教えてくださった。その往生について詳しく教えてくださいましたお釈迦さまが、その往生のお勧めを終った時、

然るに世人、薄俗にして共に不急の事を諍う。

という一言を語っておられます。この道につく、この念仏往生の道に着くことこそ、人間が人間として成就するただ一つの道ですよとお釈迦さまが教えてくださいまして、教えたうえで、にもかかわらず、世人は薄俗であって、本当に人間であることをつきつめて行くことが出来ないがために、急がなくてもいいことを争って、急がなくてはならないことを忘れているのではないのか。

こうお釈迦さまがおさとしになっておられます。

往生をお勧めくださったお釈迦さまが、にもかかわらずとおっしゃって、ここに本当の道があると気づかずに不急の事を争っている。本当に急がなくてはならないことはただ一つしかない。それはあなたがどうなるかということでしかないのだ。あなたがどのような人生を生きる人になるかということでしかないのだ。あなたがどうなるかということの答えは念仏者になるということのほかにはない。念仏者になるということにおいて、はじめてその人自身は今日ただ今、仏となる人生を歩む人になるのだ、これが往生道だということになるのでしょう。念仏往生ということではないのでしょうか。

このようにお釈迦さまの教えというものがいただかれてくると、はじめて「急ぎ」という言葉のもっている意味が強くひびいてくるわけです。明日を待つことが出来ない。残していく子供のことを思うと死にきれませんといって、十年先を待つことが出来ないのが悲しみの中味ではありませんか。あるいは子供を助けたつもりが、はたして子供は助かっているのでしょうかという問題を持った時、その問題を五年後に返事をしてくださったら結構ですと余裕を持って問うているのではないでしょう。今日ただ今の自分を問うているわけです。その今日ただ今の自分に答えとしてでてくるのは念仏者になる道である。念仏者になれば、念仏者になることにおいて、その人の人生には今日ただ往生人となるということが間違いないという人生が開けてくる。親鸞聖人のおっしゃる「現生正定聚」ということです。

死をもってする教え

そういう開けが見えてきた時、実はそこにはっきり見定められてくる二つのことがあると思うのです。その一つはどうして聖道の慈悲がいきづまってしまうのだろうか。どうしてこれほど愛していても愛が末とおらないのであろうか。それはなぜそうなっていくのかという問いを含んでいますから、その問いの答えが明らかな形で、念仏者となるなかで私自身に納得がいくのだと思います。その第一は、私がどれほど愛しても、どれほど愛しても私自身の生命が限りあるものである限り、愛される相手の生命が限りあるものである限り、愛も限りがあるということがはっきり知らされるわけです。生命が有限であるのと同じように、愛も有限であるのです。私の生命が有限であるからして、やはり私の愛も有限であります。私が愛をかけている相手の生命も有限であるからしてその愛もまた有限である。にもかかわらず私達はその有限な生命を生きて、有限な愛しか尽せないにもかかわらず無限を夢みつづけるところに悲しみがあり、どうしようもない痛みが私自身を苦しめていくことになる。そのことが明らかに見えてくるということではないでしょうか。

私の若い教え子の父親が癌で苦しんで病床にあったのですが、その枕元に付き添っていた時の

実感を私に伝えてまいりまして、

「駄目なものですね人間というものは。自分の父親の死さえもエゴの目でしか見ることが出来ないのですからね」

という手紙をくれました。そこには一つには「限りない愛を夢みても駄目なものですね」ということがあるのでしょう。人間というのは自分の父親が七転八倒して苦しんでいる病の姿をじっと手をこまねいて見ているしか仕方がないのです。どうしてみようもない。このことが駄目なものですねというふうに見えてくる。と同時にどうしようもない中にもう一つ見えてくるものがある。それは何かといえば、どうしようもないということが、ただ限りがあるからどうしようもないというだけではなくして、限りあることをもう一つエゴの目でしか見ることが出来ない。自己中心的にしか見ることが出来ない。親のことを心配しているという思いの中に隠れているものは、やはり心配している我が身のことしか思っていない、そんな自分がいる。

「駄目なものですね人間とは」こういった時、その聖道の慈悲の中に、どうしてこんなになるのだろうという問いの中に、はっきりと答えとしてあたえられてくる二つのことがある。一つは生命が有限である如く、愛も有限であるということを知らされるということであり、同時にどれほど人間が自他のかかわりによって生きているといいましても、夫であり、妻であり、子であり、兄弟であったといたしましても、愛はいつでも私自身のエゴイズムを越えることがない。その二つの点が明らかに愛の挫折の中で見定められてくる。念仏者となった身にはじめて愛の挫折の理由というものが明らかになるのではないでしょうか。

そうなった時「人間にとって最高の愛の表現は死である」といった人があるが、何か奇をてらった表現のようですが、よくよく考えて見ますと、死ほど何の要求も、主張もなしに愛を語りかけてくるものはないのではないでしょうか。例えば子供が死んでいくという事実にいたしましても、その子供が死んでいくということが、聖道の慈悲の挫折の中で右往左往するだけで終るならば、死はただ一つの悲しい出来事以上の何ものでもございませんけれども、そこに変りめを通して、その子供の死をいただきなおしてみますと、子供が生命を捨ててまでして教えてくれた道があるのではないでしょうか。

何を教えてくれたのかといったら、お父さんお母さん人生とはこういうものなのですよ。どれほどいとしいといっても、どれほど愛しているといっても、どれほど愛を尽そうとおっしゃっても、人生はこれ以上でもないし、これ以下でもないのですよ。これが人生の事実なのですよということを死という形を通して、生命を捨てるという形を通して教えてくれるのが、私は死ということであると思います。そのことで、人間にとって死こそ愛の最高の表現だといわれる意味もわかりますね。それ以上に私に本当のことを教えてくれる道はないのではないですか。どれほど聞きましても、どれほど教えられましても、やはり夢を見ることから目を覚ますということが出来ないところに、私達は生きている。その夢を本当にさまさせられるのは愛する相手が死ぬという姿をとった時ですね。いやおうなしに知らされるのではないでしょうか。これが人生ですよ。これが愛というものの実相ですよ。こう知らされた時、ただどうしてもっと生きてくれなかったのだろうか。どうして愛が末とおらなかったのだろうかという悲しみや悩みの中で終ってはならない新しい人生に目を見開いて、一歩足を進めていかなければならない私にさせていただけるというのが、死こそ愛の最高の表現だということを教えてくれた人の言葉の意味にあると思います。

小慈小悲もなき身

親鸞聖人は慈悲ということについて、こういうふうに語られているところにあるものは、決して頭で考えたことではなくて、具体的ないろいろな出来事を通しておっしゃっているのだと申しましたけれども、親鸞聖人の御和讃の中に、

小慈小悲もなき身にて
有情利益はおもうまじ
如来の願船いまさずは
苦海をいかでかわたるべき

という御和讃があります。あの御和讃はいったいどこから出て来たのだろうかと尋ねてみますと、

そこには聖道の慈悲を尽さずにはおれないというところに身をおかれた親鸞聖人の実感だと思います。愛の実践に立って愛の実践を尽くしていこうとなさった中から実感されて来たのが、小慈小悲もなき身という実感ではないでしょうか。

小慈小悲もなき身であると知らされて有情利益は思うまじとこういった時に、有情利益などは出来ないというのではなく、有情利益が出来るという思いの中には大きな思いあがりがあるのではなかろうかという、反省を込めた悲しみの懺悔があるのですね。小慈小悲もなき身であることを忘れて有情利益が出来るかのごとく思って、有情利益をしておって、どうして挫折するのだろうかと愚痴っている自分がいる。それがひるがえって「小慈小悲もなき身にて、有情利益はおもうまじ」と、こう言った時、それは、決して愛の行為実践をやめることではない。その実践にかかわっていた愛の思いの中にある夢を捨てることなのではないでしょうか。夢を捨ててみたら、現実の苦は「如来の願船いまさずは、苦海をいかでかわたるべき」とおっしゃるように、小慈小悲を持って、有情利益が出来るという思いのゆえに現実が苦海である。苦しみの海であるということが明らかになった。

苦海という言葉を親鸞聖人の他のお言葉を通して申しますと、

「生死の苦海ほとりなし、ひさしくしずめるわれらおば」

という和讃がございますし、あるいは、

「苦海の沈淪いかがせん」

というお言葉もございます。それらのお言葉からひるがえってみますと『教行信証』の総序の

「難度海を度する大船」

とおっしゃる、あの渡りがたい海というお言葉がひびいてまいります。その苦海の根っこにあるものは、小慈小悲もないということに気づかずして、有情利益が出来るという思いに身をたくして生きていく、その本当の自己に会えない姿が、苦海という現実を生きている私達の生き様だ。そういうことを親鸞聖人ははっきりと、現実のいくつかの出来事を見つめることを通しておっしゃっておいでになると思うのです。

愛に挫折し変りめをくぐったとき、そこにひらかれた大慈大悲の如来の本願の世界があった。その本願の世界の中に自己をあらたに見出してみますと、はじめて私自身の苦しみの根っこ、私自身の愛の根っこに隠れていたものが何であるかが明らかにされ、そのことを知らされることによって、愛の挫折も、ただの挫折ではなくして、むしろ大きな愛の真実を教えてくれる絶対に欠くことの出来ない大きな御縁だということが新たにいただけてくる。その時はじめて大慈大悲という言葉が生きてくるのではありませんか。大慈大悲は人間につきませんからね。人間につく言葉は小慈小悲なのでしょう。ただ人間の思いだけは小慈小悲を大慈大悲だと思いそこなうというところに人間がいるわけですね。ところが小慈小悲と知らされて、そして有情利益を思い続けて

いた思いの厚顔さ、思いの高慢さというものをはっきりと知らされてみると、その全部を包んで私が今、生きているという全体を大慈大悲の願船の中に、あらためて見開くことが出来る。そこに、

念仏して、いそぎ仏になりて、大慈大悲心をもって、おもうがごとく衆生を利益するをいうべきなり。

という一連のお言葉が段落をつけず、切らないで一つの感情として流れているのではないでしょうか。そのように感ずるわけです。

念仏者の慈悲

吉野秀雄という歌人がおられますが、あの方がずいぶん苦しい出来事の中でこんなことをいっておられる。

「どうにもならないどん底に沈んだ時、腹の底からでてくることはただお念仏だけだった」と、こう言っておりますね。その言葉の中にあるものは、念仏したら問題が解決したということではないのでしょう。念仏する身になってはじめてわかる世界があったということでしょう。どうにもならないどん底に落ちた時なお自分の力でそのどん底を越えようと苦しんでいた、その底をつき破るようにして念仏だけが口をついてでた時、はじめてどうにもならないことの正体が明らかになったということではないでしょうか。

そのことは清沢先生もおっしゃっておられますね。

「我等の大迷は如来を知らざるにあり。如来を知らばはじめて我等に分限あることを知る」とおっしゃっている。私達の大きな迷いはなんであるか、如来を知らないということである。如来を知らないということはもっと具体的な言葉でいうとどういうことになるかというと、ここでいわれる聖道の慈悲を、私自身の力で末とおるものに出来るのではないかという思いの中で生きていこうとすることであり、これが大きな迷いといわれることではないでしょうか。ところが「如来を知らばはじめて我らに分限あることを知る」如来を知るということは『歎異抄』のこのところの「大慈大悲心をもって、おもうがごとく衆生を利益する」という如来の世界を知る。如来の本願の世界を知る。如来の願船を知る。願船を知ってみると、そこにはっきりと納得がいくのは、自分に分限があったということである。そういたしますと親鸞聖人が最後に、

今生に、いかに、いとおし不便《ふびん》とおもうとも、存知のごとくたすけがたければ、この慈悲始終なし。しかれば、念仏もうすのみぞ、すえとおりたる大慈悲心にてそうろうべきと云々。

とこうおっしゃるお気持が言葉を越えて、そうだなあと納得いくわけです。

それは決して、聖道の慈悲といわれる愛の行為をやめるとか、実践をやめるということではないのです。実践をやめるとか行為をやめるとか、それが出来るならこんな問題はおこってきません。子供は死んで行くのだ、仕方がないと平気でいい切っていける人にはこんな問題はおこって

きません。実は行為をやめることが出来ないからしておこってきた問題でしょう。行為をやめることが出来ないからして、行為を続けていくことによって、愛が末とおらないということを知らなくてはならない。とすると行為をやめることが出来ずして、なおかつ末とおらないということを知って、その行為を続けることが出来る大地はどこにあるのかというと、そこに聖道から浄土への変りめがある。自己に立って愛を尽そうとする思いがひるがえって、念仏者となった時、はじめて我が思いを捨てて、実は大きな愛の中に限りのある無常の愛を尽して生きていくことが出来る世界があるのでしょう。それは決して私の力でやった愛が新たな形で延長されるということではありません。やはり有限な愛は有限で終らなくてはならない。しかし、だからといって駄目なのではなくて、有限な愛を有限と知りつつ尽していけるというところに人間の成就があるのではないでしょうか。有限な人間が無限な愛を夢見るからして、愛の行為の中であせり、愛の行為の中で不安に陥り、愛の行為の中で時には自殺をとげなければならないということさえおこってくるのではないでしょうか。この無限を夢みる夢から覚めた時、有限な愛を尽していける。本当に尽し切って終っていけるような広い大地が、「大慈大悲心をもって、おもうがごとく衆生を利益する」と教えられる、如来の願船に乗じた念仏者となる身の上に開かれてくる世界だと、こう申していいと思います。

いのちのまことを尽す

そう申しますと私達自身が無情の身を生きている。その限り愛も無情である。とすると無情の身を生き尽すことさえ出来ればいいわけです。それは言葉をかえれば無情の愛を尽し切る道さえ開かれればいいのでしょう。その道が念仏者になるというところに開かれてくると思うのです。

ある人がおっしゃっておりましたが、

「限りなく、大いなる愛の世界の中で、限りのある無常の愛を尽すことが出来るようになりました」

といっておられました。清沢先生が、

「人事を尽して天命を待つとよくいわれるけれど、本当に宗教の世界に入るならば、天命に安んじて、人事を尽すという道がある」

こうおっしゃいました。この天命に安んじてとおっしゃるのが、実は念仏者となりてということでしょう。そこに人事を尽す。人事を尽して天命に期待するのではなくて、天命に安んじて、そしてその中に有限な人事を尽していけるという世界がある。これが宗教の世界の事実なのだと、こう先生が教えてくださったお言葉を振返ってみます時、第四条は聖道の慈悲の挫折というものを通して、挫折が挫折のままで終ったならば、人間が人間を尽すことが出来ない。人間を成就することが出来ない。かといって挫折したからといって、愛の行為をやめることが出来ないという、そういう私をどうしたらいいかと問うた時、そこに変りめとして開かれて来ることが、念仏者となって、今日ただ今、仏となるべく生きる私になっていく。そこに、

大慈大悲心をもって、おもうがごとく衆生を利益する。

という大いなる慈悲の世界の中に、私の小さな愛を、私の小さな慈悲を、有限な慈悲を、尽し切って生きていける世界がある。

しかれば、念仏もうすのみぞ、すえとおりたる大慈悲心にてそうろう。

こう『歎異抄』では、人間のいのちのまことをどうして尽しきるかということを、慈悲という一言で押えて、愛のまことをどうして尽しきることが出来るかという形で、明らかにしてくださったのがこの第四条だと思います。第四条をそのようにいただいてみますと、第三条につづきまして、第四条が慈悲という言葉で開かれてくるということが、非常に具体的であって、そのことがもしないならば、信心と申しましても、あるいは求道と申しましても、私達の具体的な生活の大地から離れてしまうのではないかと思います。そういたしますと、父母の孝養という問題が第五条に出てまいりますし、第六条には親鸞が弟子一人も持たずそうろうという問題が出てまいります。その慈悲の姿を具体的に現わしたのが、第五条と第六条だと思います。第五条は親子という関係を通して、第六条の方は師と弟子という関係を通して明らかにされる。人間にとりましては基本的な関係はこの二つしかないのではないでしょうか。生まれながらの関係は親子であります。

生まれてから新たに開かれてくる関係は師と弟子という関係です。人間は関係を生きる存在だと申しましたが、その関係をつきつめて申しますと、親子という形で語られる関係、生まれながらの関係、生まれてから開かれてくる新しい関係の原点にあるのが師と弟子ということになるのではないでしょうか。その二つを通して人間が関係を生きる存在だということを、具体的に教えてくださるのが、次の第五条第六条であると思うのであります。こういうふうにいただいてきますと、『歎異抄』というのは親鸞聖人のお言葉をただ勝手にならべたのではなくて、そこには具体的な人間の問題を確かめ確かめ一点も飛躍することなしに、あなたはどうするのですか。あなたはその問題の中でどうして人生を尽しきるのですかという問いを問いかけながら、その答えを親鸞聖人のお言葉に聞きとっていかれたお聖教であるということを感ずるわけであります。

（一九七四・四・一四）

著者略歴

廣瀬　杲（ひろせ たかし）

1924年京都市生まれ。大谷大学文学部卒業。大谷大学元学長。大谷大学名誉教授。文学博士。私塾聞光学舎主幹。2011年12月逝去。

著書

『宿業と大悲』『真宗救済論—宿業と大悲—』『歎異抄の諸問題』『観経疏に学ぶ』『廣瀬杲講義集』『親鸞の宿業観』『観経四帖疏講義 玄義分・序分義ⅠⅡ』『観経四帖疏講義 定善義ⅠⅡⅢ』『観経四帖疏講義 散善義ⅠⅡⅢ』など多数。

新装版 歎異抄講話1

一九九四年一〇月二〇日　初　版第一刷発行
二〇一九年　一月二五日　新装版第一刷発行

著　者　廣瀬　杲
発行者　西村明高
発行所　株式会社　法藏館
京都市下京区正面通烏丸東入
郵便番号　六〇〇-八一五三
電話　〇七五-三四三-〇〇三〇（編集）
〇七五-三四三-五六五六（営業）

装幀　山崎　登
印刷・製本　亜細亜印刷株式会社

ISBN 978-4-8318-6562-5 C0015